财经类专业"十四五"规划新形态教材

智能财税综合业务实训

李辉　陆群　张勇／主编

王婕　梁华　侯锦婷／副主编

图书在版编目(CIP)数据

智能财税综合业务实训 / 李辉，陆群，张勇主编.
上海：立信会计出版社，2024.8. -- ISBN 978-7-5429-
7694-9
Ⅰ. F810-39
中国国家版本馆 CIP 数据核字第 2024CZ1920 号

策划编辑　　王斯龙
责任编辑　　王斯龙
美术编辑　　吴博闻

智能财税综合业务实训
ZHINENG CAISHUI ZONGHE YEWU SHIXUN

出版发行	立信会计出版社
地　　址	上海市中山西路 2230 号　　邮政编码　200235
电　　话	(021)64411389　　传　　真　(021)64411325
网　　址	www.lixinaph.com　　电子邮箱　lixinaph2019@126.com
网上书店	http://lixin.jd.com　　http://lxkjcbs.tmall.com
经　　销	各地新华书店
印　　刷	上海万卷印刷股份有限公司
开　　本	787 毫米×1092 毫米　　1/16
印　　张	15.5　　插　页　1
字　　数	262 千字
版　　次	2024 年 8 月第 1 版
印　　次	2024 年 8 月第 1 次
书　　号	ISBN 978-7-5429-7694-9/F
定　　价	48.00 元

如有印订差错，请与本社联系调换

前　　言

党的二十大报告明确提出，"统筹职业教育、高等教育、继续教育协同创新，推进职普融通、产教融合、科教融汇，优化职业教育类型定位"。这为办好新时代职业教育作出了顶层设计，提供了施工蓝图。教材是育人的载体，本教材全面贯彻党的二十大精神，全面落实《中华人民共和国职业教育法》和全国职教大会具体部署，坚持立德树人、育训结合，培养数字经济发展需要的高素质财务数字化人才。

"智能财税综合业务实训"是财经类专业对接行业企业的一门实践性非常强的课程。为全面贯彻党的教育方针，落实立德树人根本任务，反映"智能财税综合业务实训"课程改革成果，推动课堂革命，本教材在遵循政治性、适应性、科学性、先进性相统一的基础上，基于税务会计岗位要求，将工作领域中的真实生产项目转化为教材的项目，将岗位中的典型工作任务转化成教材的实训案例，设计了80个经济业务，涵盖了增值税、企业所得税、个人所得税、城市维护建设税、印花税及财产和行为税等税种，使教材内容与工作过程无缝对接，以培养"懂业务""会核算""能报税""善管理"的高素质技术技能人才。本教材借助企业真实的案例，通过财税一体化的设计，利用企业智能化实训平台和智能财税相关技术，提供更自动化、更高效、更准确的财税服务和应用场景。

本教材在编写过程中按照会计岗位的工作内容梳理业务，遵循学生的认知规律，对知识内容进行必要整合，通过模拟真实的财税操作环境，让学生能够在实践中学习财税知识，提高实际操作能力。本教材形式新颖，体现以下特点。

1. 融入思政内容，以立德树人为根本落脚点

本教材以培养高素质、高技能人才为目标，在会计岗位操作和税收申报中注重培养"爱岗敬业、诚实守信"的职业道德，在岗位技能训练中注重对学生劳动精神的培养。

2. 融入企业案例，以培养学生实践能力为着力点

本教材强调"工学结合"，以一个完整的企业案例贯穿始终，从原始单据出发，对接会计岗位工作内容，要求学生按照会计人员实际工作过程完成会计账务处理、税费申报与管理工作。

本教材坚持"以学生为中心"，注重学习功能，以任务为驱动，依托厦门九九网智科技有限公司的"智能财税"实训平台或中德安普大数据网络科技有限公司的"业财税融合"实训平台来完成任务实施，实现"理实一体化"教学，践行校企"双元"合作开发教材。

3. 融通岗课赛证，以培养学生应用能力为关键点

本教材按照分析经济业务，填制原始凭证，编制记账凭证，编制科目汇总表，编制会计报表，填写增值税、企业所得税、印花税申报表等财税基础工作的流程，安排教材内容，实现岗课融通；融入业财税融合1+X证书内容，实现课证融通；提供业财税融合大数据应用和智能财税基本技能竞赛资料，做到以赛促学，实现课赛融通。

本教材与课程建设同步，开发了在线课程，配套数字化资源，提供虚拟仿真教学，实现可听、可视、可练、可互动。本教材采用活页式装订，可根据最新税收政策及时更新内容，通过对比新旧政策，引导学生发掘政策变化的本质，理解国家财税治理理念；原始单据、纳税申报表单独成页，实现学习内容的前后衔接和纳税申报表的及时更新，打造真正的"活"教材。

本教材由苏州信息职业技术学院李辉、徐州工业职业技术学院陆群、江苏联合职业技术学院徐州财经分院张勇担任主编，江苏联合职业技术学院徐州财经分院王婕、厦门九九网智科技有限公司梁华、苏州信息职业技术学院侯锦婷担任副主编。主编提出编写大纲，并对全书进行了总撰、修改和定稿。副主编主要参与案例企业资料的脱敏和原始凭证的撰写和审核，提供了会计报表和纳税申报表。本教材是校企合作一体化教材，教材和实训平台同步。在教材撰写的过程中，编者得到了厦门九九网智科技有限公司、中德安普大数据网络科技有限公司、法兰泰克重工股份有限公司以及立信会计出版社的大力支持和帮助，在此谨向他们表示衷心的感谢！

由于编者水平有限，本教材可能存在疏漏之处，敬请读者不吝指正，以便再版时修订。联系邮箱：pxddlh@126.com。

编 者

2024 年 7 月 26 日

目　　录

项目一　智能财税综合业务实训的目的 ………………………………………… 001

项目二　智能财税综合业务实训的教学要求 ………………………………… 002
　一、实训指导教师要求 ……………………………………………………… 002
　二、实训学生要求 …………………………………………………………… 002
　三、实训用品要求 …………………………………………………………… 003
　四、实训参考课时 …………………………………………………………… 003

项目三　智能财税综合业务实训资料 ………………………………………… 004
　一、企业基本情况 …………………………………………………………… 004
　二、企业主要会计政策 ……………………………………………………… 009
　三、企业主要税费 …………………………………………………………… 011
　四、企业期初余额表 ………………………………………………………… 012
　五、企业经济业务 …………………………………………………………… 022
　六、说明事项 ………………………………………………………………… 025
　七、企业经济业务涉及的凭证 ……………………………………………… 029

项目四　编制会计报表 ………………………………………………………… 207

项目五　纳税申报 ……………………………………………………………… 212

项目一　智能财税综合业务实训的目的

通过智能财税综合业务实训,将业务、财务、税务工作有机融合在一起,学生能比较系统地演练企业会计核算的基本程序和具体方法,全面理解财税一体化的融合应用,加深对会计和税收申报的理解和掌握。同时,通过对财税基本方法的运用和对财税基本技能的训练,学生能真正掌握各种原始凭证的填写方法;掌握各种业务的处理及填写记账凭证的方法;掌握各种会计报表编制的方法;掌握纳税申报表的填制方法等。通过大数据平台的实训操作,学生能培养职业意识,提高职业素养,形成职业能力,为即将从事的财税工作打下坚实的基础,成为理论与实际相结合的财税综合人才。

具体而言,智能财税综合业务实训的目的体现在以下四个方面:

(1) 直观了解原始凭证应具备的基本要素,熟悉常见业务使用的各种常用原始凭证的样式,掌握原始凭证审核和填制的基本操作技能和技巧。

(2) 直观了解记账凭证应具备的基本要素,熟练填写记账凭证,掌握记账凭证填制的基本操作技能和技巧。

(3) 直观了解主要会计报表的编制依据,熟悉主要会计报表的基本结构,掌握编制会计报表的基本技能和技巧。

(4) 直观了解增值税纳税申报表、企业所得税纳税申报表等主要申报表的编制方法,熟悉纳税申报表的基本结构,掌握填写纳税申报表的基本技能和技巧。

项目二 智能财税综合业务实训的教学要求

一、实训指导教师要求

指导教师在开展智能财税综合业务实训之前,要根据学生的实际情况,制订切实可行的实训计划。实训可以由一名学生承担所有的财税工作;也可以采用小组合作形式,设置出纳、会计、会计主管等岗位。

（1）采用手工实训的,指导教师要在实训开始之前,提前准备好实训必需的材料,包括手工实训所需要的记账凭证、凭证封皮等,可按所需数量事先印刷或购买。另外,还需要准备凭证装订机、票据夹、针、线、剪刀、胶水等工具。

（2）采用平台实训的,需要在网络环境下,按照对应的实训平台,进行上机操作。

二、实训学生要求

（1）在智能财税综合业务实训开始之前,学生需要认真学习《会计基础工作规范》《会计档案管理办法》等会计法律法规,认真复习"基础会计""企业财务会计""成本核算与管理""税法""税费计算与申报"等课程的相关知识,并详细了解实训企业背景资料、会计政策和税收政策部分的相关内容。

（2）会计工作复杂烦琐,学生应在思想上做好充分的准备,做到耐心、细致、沉稳,按照指导教师的安排进行有序实训,同时注意业务的前后联系,最好在 Excel 表中做好工作底稿。采用小组合作形式的,需要明确小组内成员的分工,并在合适的时间轮岗,以圆满完成智能财税综合业务实训,达到较好的实训效果。

（3）智能财税综合业务实训工作包括:①分析所给经济业务并填写部分原始凭证;②依据各业务原始凭证编制记账凭证;③编制科目汇总表;④根据科目汇总表登记有关总账;⑤编制资产负债表、利润表等;⑥填写增值税纳税申报表及其附表、所得税年度纳税申报表及其附表等。

（4）学生应严格按照有关规定填写会计凭证,包括会计凭证的编号、日期、业务内容摘要、会计科目、金额、所附原始凭证张数、签章等有关项目,不得敷衍了事。

（5）实训结束后,学生应将各种记账凭证连同所附的原始凭证按编号顺序折叠整齐,装订成册,并加具封面,注明单位名称、年度、月份和起讫日期,并由装订人签名或盖章。会计报表应单独整理装订成册,并加具封面,注明相关信息。

（6）在平台上进行实训的,要充分运用大数据工具进行业务、财务和税收申报工作的处理,全部实训步骤及操作过程以 Excel 表呈现,在实训中有机融入 RPA 等大数据工具,使学生在掌握会计核算、税收申报的基础上,充分掌握大数据工具在业财税融合中的应用。

三、实训用品要求

（1）本教材提供实训业务所需的原始凭证和配套的专用报表和纳税申报表，另外，指导教师还需要准备通用记账凭证 150 张，凭证封面、封底 2 套。

（2）在手工操作结束后，根据手工操作资料进行上机操作，这既是为了检验手工操作的正确性，又是大数据融合课程的实训内容。上机模拟实训在九九网智科技有限公司"智能财税"实训平台中进行。

四、实训参考课时

本实训一般可安排在"财务会计实务""成本会计实务"和"税费计算与申报"等课程结束后进行。我们建议参考课时为 68～102 学时，或集中实训 2 周，各使用单位可根据实际情况作相应调整。

项目三　智能财税综合业务实训资料

一、企业基本情况

1. 企业基本信息。
企业名称：徐州新味食品有限责任公司
社会信用代码：913203024832753036
企业地址：江苏省徐州市鼓楼区宋力街张丽路91号
企业电话号码：0516-88184220
企业增值税类型：一般纳税人
企业开户银行：中国建设银行徐州市鼓楼区支行
基本户银行账号：41244315423047
预留银行印鉴：徐州新味食品有限责任公司财务专用章和法定代表人私章

2. 企业部门信息如表3-1所示。

表3-1　企业部门信息

序号	部门编码	部门名称	部门属性
1	001	办公室	管理部门
2	002	财务部	管理部门
3	003	采购部	管理部门
4	004	专设销售机构	专设销售机构
5	005	生产车间	基本生产部门

3. 企业员工信息如表3-2所示。

表3-2　企业员工信息

序号	员工姓名	员工所属部门	员工岗位	员工岗位属性	员工身份证号码	员工编码
1	陈一琳	办公室	法定代表人	管理人员	320302199202202623	1001
2	林逸方	办公室	总经理	管理人员	320302197104258478	1002
3	李智程	办公室	仓管员	普通职员	320302198202237443	1003

(续表)

序号	员工姓名	员工所属部门	员工岗位	员工岗位属性	员工身份证号码	员工编码
4	叶启尔	财务部	财务经理	管理人员	320302197606199832	2001
5	梁哲远	财务部	会计	普通职员	320302197001117687	2002
6	林水绣	财务部	出纳	普通职员	320302199001073793	2003
7	张政康	采购部	采购经理	管理人员	320302199002242843	3001
8	陈达益	采购部	采购员	普通职员	320302198103248155	3002
9	陈均	采购部	采购员	普通职员	320302198708231939	3003
10	何美美	专设销售机构	销售经理	管理人员	320302198704183186	4001
11	潘维娜	专设销售机构	销售员	普通职员	320302197703097740	4002
12	叶映虹	专设销售机构	销售员	普通职员	320302197904091441	4003
13	陈守军	生产车间	生产车间主任	管理人员	320302198808224435	5001
14	郑易一	生产车间	车间核算员	管理人员	320302197203223813	5002
15	吴婷婷	生产车间	车间工人	普通职员	320302197506106162	5003
16	柯喜俊	生产车间	车间工人	普通职员	320302198111120212	5004
17	王玥月	生产车间	车间工人	普通职员	320302197506196282	5005
18	李辰陈	生产车间	车间工人	普通职员	320302198705079861	5006
19	王琳	生产车间	车间工人	普通职员	320302198810220894	5007
20	谢仪	生产车间	车间工人	普通职员	320302199008230076	5008
21	罗晶晶	生产车间	车间工人	普通职员	320302198811027248	5009
22	李柏	生产车间	车间工人	普通职员	320302197001223079	5010
23	王洁	生产车间	车间工人	普通职员	320302199102149947	5011
24	杨一成	生产车间	车间工人	普通职员	320302198606223402	5012
25	邱瑶姚	生产车间	车间工人	普通职员	320302197402083531	5013
26	王芝	生产车间	车间工人	普通职员	320302199001197475	5014
27	宋佳佳	生产车间	车间工人	普通职员	320302199202234138	5015
28	林飞铭	生产车间	车间工人	普通职员	320302198810133850	5016
29	简德	生产车间	车间工人	普通职员	320302197907235902	5017

(续表)

序号	员工姓名	员工所属部门	员工岗位	员工岗位属性	员工身份证号码	员工编码
30	林小川	生产车间	车间工人	普通职员	320302199503157643	5018
31	赵铭	生产车间	车间工人	普通职员	320302197706138895	5019
32	朱华	生产车间	车间工人	普通职员	320302197803079280	5020
33	关文	生产车间	车间工人	普通职员	320302198801233704	5021
34	余同光	生产车间	车间工人	普通职员	320302198106126491	5022
35	夏广	生产车间	车间工人	普通职员	320302199404065210	5023
36	白冰冰	生产车间	车间工人	普通职员	320302199107202362	5024
37	万彦	生产车间	车间工人	普通职员	320302198405237297	5025
38	陈锐	生产车间	车间工人	普通职员	320302198808124525	5026
39	江海燕	生产车间	车间工人	普通职员	320302197908276094	5027
40	徐远	生产车间	车间工人	普通职员	320302197809099610	5028
41	高袖	生产车间	车间工人	普通职员	320302197905245883	5029
42	王朗	生产车间	车间工人	普通职员	320302198310227883	5030
43	林玲	生产车间	车间工人	普通职员	320302199011033917	5031
44	夏君	生产车间	车间工人	普通职员	320302198205083284	5032
45	谢佰	生产车间	车间工人	普通职员	320302199104061112	5033

4. 企业产品信息如表3-3所示。

表3-3 企业产品信息

序号	名称	编码	单位	不含税单价	增值税税率	存货类别
1	牛轧糖夹心苏打饼干	301	盒	30	13%	库存商品
2	丹麦曲奇饼干	302	盒	55	13%	库存商品

5. 企业材料信息如表3-4所示。

表3-4 企业材料信息

序号	名称	编码	存货类别	单位	不含税单价(元)
1	黄油	101	原材料	千克	54.65
2	全脂奶粉	102	原材料	千克	29.00

(续表)

序号	名称	编码	存货类别	单位	不含税单价(元)
3	棉花糖	103	原材料	千克	12.00
4	蔓越莓干	104	原材料	千克	1.24
5	熟花生仁	105	原材料	千克	9.00
6	苏打饼干	106	原材料	千克	15.00
7	低筋面粉	107	原材料	千克	4.00
8	鸡蛋	108	原材料	千克	19.00
9	无盐黄油	109	原材料	千克	65.00
10	糖粉	110	原材料	千克	12.00
11	细砂糖	111	原材料	千克	8.00
12	食盐	112	原材料	千克	2.00
13	牛轧糖夹心苏打饼干袋	201	周转材料(包装物)	只	0.30
14	牛轧糖夹心苏打饼干盒	202	周转材料(包装物)	只	1.50
15	丹麦曲奇饼干盒	203	周转材料(包装物)	只	1.80
16	包装箱	204	周转材料(包装物)	只	2.20

6. 企业社会保险和住房公积金信息如表 3-5 所示。

表 3-5 企业社会保险和住房公积金信息

序号	项目	计提比例
1	单位养老保险计提比例	16%
2	单位医疗保险计提比例	7.5%
3	单位失业保险计提比例	0.5%
4	单位工伤保险计提比例	0.4%
5	个人养老保险计提比例	8%
6	个人医疗保险计提比例	2%
7	个人失业保险计提比例	0.5%
8	单位住房公积金计提比例	10%
9	个人住房公积金计提比例	10%

7. 企业固定资产信息如表3-6所示。

表3-6 企业固定资产信息

金额单位：元

序号	固定资产类型	资产名称	资产使用部门	单位	投入使用日期	数量	单位成本	原值	预计使用年限（年）	月折旧率	月折旧额	资产编号
1	房屋及建筑物	办公楼	办公室	平方米	2021-8-1	600	4 500	2 700 000	20	0.004	10 800.00	G0001
2	房屋及建筑物	厂房	生产车间	幢	2021-8-1	2	2 430 000	4 860 000	20	0.004	19 440.00	G0002
3	生产设备	饼干混合机	生产车间	台	2021-8-1	8	50 000	400 000	10	0.008	3 200.00	G0003
4	生产设备	饼干成形机	生产车间	台	2021-8-1	8	68 000	544 000	10	0.008	4 352.00	G0004
5	生产设备	饼干烤箱	生产车间	台	2021-8-1	7	50 200	351 400	10	0.008	2 811.20	G0005
6	生产设备	包装机	生产车间	台	2021-8-1	6	72 000	432 000	10	0.008	3 456.00	G0006
7	生产设备	面粉输送机	生产车间	台	2021-8-1	8	56 000	448 000	10	0.008	3 584.00	G0007
8	生产设备	饼干印刷机	生产车间	台	2021-8-1	8	35 000	280 000	10	0.008	2 240.00	G0008
9	生产设备	半自动生产线	生产车间	台	2021-8-1	2	120 000	240 000	10	0.008	1 920.00	G0009
10	电子设备	联想电脑	办公室	台	2021-8-1	3	4 899	14 697	3	0.026 7	392.41	G0010
11	电子设备	惠普电脑	财务部	台	2021-8-1	3	4 899	14 697	3	0.026 7	392.41	G0011
12	电子设备	戴尔电脑	采购部	台	2021-8-1	3	4 899	14 697	3	0.026 7	392.41	G0012
13	电子设备	戴尔电脑	专设销售机构	台	2021-8-1	3	5 020	15 060	3	0.026 7	402.10	G0013
14	电子设备	戴尔电脑	生产车间	台	2021-8-1	3	5 020	15 060	3	0.026 7	402.10	G0014
15	电子设备	格力空调	办公室	台	2021-8-1	1	2 699	2 699	3	0.026 7	72.06	G0015
16	电子设备	格力空调	财务部	台	2021-8-1	1	4 299	4 299	3	0.026 7	114.78	G0016
17	电子设备	美的空调	采购部	台	2021-8-1	1	4 399	4 399	3	0.026 7	117.45	G0017
18	电子设备	格力空调	专设销售机构	台	2021-8-1	1	2 799	2 799	3	0.026 7	74.73	G0018
19	电子设备	格力空调	生产车间	台	2021-8-1	3	2 799	8 397	3	0.026 7	224.20	G0019

8. 企业房产税税源信息如表3-7所示。

表3-7 企业房产税税源信息

序号	房产名称	地址	房产属性	建筑面积（平方米）	房产原值（元）	扣除比例	计征方法	计征税率
1	办公楼	江苏省徐州市鼓楼区宋力街张丽路91号	工业	600	2 700 000	20%	从价计征	1.2%
2	厂房	江苏省徐州市鼓楼区宋力街张丽路91号	工业	900	4 860 000	20%	从价计征	1.2%

二、企业主要会计政策

1. 执行《企业会计准则》（包括新金融工具、新收入和新租赁准则）。对外报送财务报告相关负责人如下：单位负责人为陈一琳（法定代表人）；主管会计工作负责人为林逸方（总经理）；会计机构负责人为叶启尔（财务经理）。

2. 会计期间分为会计年度和会计中期，会计年度为公历1月1日至12月31日；会计中期包括月度、季度和半年度。

3. 以人民币为记账本位币。

4. 采用科目汇总表账务处理程序进行账务处理。

5. 存货核算的有关规则：

（1）存货按实际成本法核算，原材料及包装物发出计价采用月末一次加权平均法。材料的共同运费按数量分配，分配率保留4位小数，尾差计入最后一个对象。库存商品发出计价采用月末一次加权平均法。发出存货单位成本保留2位小数，如有尾差计入结存存货成本。

（2）主要生产牛轧糖夹心苏打饼干和丹麦曲奇饼干。生产每盒牛轧糖夹心苏打饼干需耗用黄油、全脂奶粉、棉花糖、蔓越莓干、熟花生仁、苏打饼干、牛轧糖夹心苏打饼干袋及牛轧糖夹心苏打饼干盒8种材料；生产每盒丹麦曲奇饼干需耗用低筋面粉、鸡蛋、无盐黄油、糖粉、细砂糖、食盐及丹麦曲奇饼干盒7种材料。本月投产产品均按照生产耗用数量领用原材料，未发生损耗。

（3）每销售20盒牛轧糖夹心苏打饼干、丹麦曲奇饼干产品均需要包装箱1只。

6. 产品成本计算采用品种法，设置直接材料、直接人工、制造费用三个成本项目。其中：

（1）原材料在生产开始时一次性投入；共同耗用的材料采用定额耗用量比例分配法进行分配，分配率保留4位小数，尾差计入最后一个对象。

（2）工资及"四险一金"的分配采用生产工时比例法，分配率保留4位小数，尾差计入最后一个对象。

（3）制造费用按生产工时比例法在各种产品之间分配，分配率保留4位小数，尾差计入最后一个对象。

7. 生产费用在完工产品与在产品之间的分配，采用约当产量法，分配率保留6位小数，尾差计入月末在产品成本。

8. 车间生产工人发生的职工薪酬以外的费用记入"制造费用"科目。

9. 计提工会经费、计提职工教育经费,根据不同部门分别记入相应的会计科目,计提工会经费和职工教育经费的比例分别为 2% 和 8%。

10. 公司员工薪酬考核办法规定:员工薪酬每月按岗位工资预发,全年一次性奖金经考核评定后发放。

11. 固定资产不包括研发用固定资产。固定资产折旧采用年限平均法,净残值率为 4%。折旧年限分别为:房屋及建筑物 20 年,生产设备 10 年,电子设备 3 年。折旧率保留 4 位小数(采用小数点的形式)。固定资产以取得时的实际成本入账,其中购置汽车的入账成本包括印花税、牌照费用、车辆购置税,购置房屋的入账成本包括印花税、契税。

12. 水电费按实际用量进行分摊,分配率保留 2 位小数,分配尾差计入最后一个对象。

13. 取得的增值税专用发票于当天在增值税发票综合服务平台确认发票用途,取得的海关专用缴款书于当天在增值税发票综合服务平台确认发票用途并取得回执。

14. 企业所得税采用查账征收方式,月度按实际利润额计算预缴企业所得税。截至上年年末,以前各年度应纳税所得额均大于零,不存在不征税收入、免税收入、加计扣除和所得税减免等税基类减免应纳税所得额、减免所得税额。且截至本年度上月月末,各月会计利润总额均大于零,无欠缴及多缴所得税情况。

15. 递延所得税资产和负债按年确认和转销;如果涉及转让专利业务,转让专利不符合免税政策。

16. 应收款项(应收账款及其他应收款)按照相当于整个存续期内预计信用损失的金额计量其损失准备,即预期信用损失为企业应收取的合同现金流量与预期收取的现金流量之间差额的现值。基于历史信用损失经验,考虑有关过去事项、当前状况以及对未来经济状况的预测,在资产负债表日根据应收款项逾期天数与预期信用损失率预计坏账准备。应收款项逾期天数均在 1 年以内,未逾期的以及逾期 1 年以内的应收款项预期信用损失率均为 5%。

17. 无形资产的摊销采用直线法,土地使用权的摊销期限为 50 年,其他无形资产摊销期限为 10 年。

18. 金融商品转让以盈亏相抵后的余额作为销售额,即卖出价减去买入价后的余额,卖出价和买入价均按照交割单上注明的成交金额确定。

19. 涉及金融资产、股权投资的公允价值变动损益、资本公积、其他综合收益的结转均与相关业务合并编制一张记账凭证;涉及其他权益工具投资转让的,先计算盈余公积,再将差额计入未分配利润。

20. 交易性金融资产、其他权益工具投资以公允价值计量,按月确认公允价值变动;其他权益工具投资按月计提利息,按月确认公允价值变动;将应收账款和应收票据划分为按成本计量的金融资产。

21. 投资性房地产按公允价值计量模式计量。

22. 每月末按照实际天数计算提取贷款利息,银行于每月 20 日收取其发放贷款的利息。涉及同一银行同日扣取多笔利息支出或者偿还本金同时并支付利息的,编制一张复合记账凭证。

23. 如果同一编号的经济业务需要编制一张以上记账凭证,一律采用分数编号法,除记账凭证、原始凭证有明确关系以外,原始凭证附在第一张记账凭证后面。涉及减免税款的经济业务,先编制转出未交增值税业务的记账凭证,再编制减免税款业务的记账凭证;涉及支付并结转福利费的业务,先编制支付福利费业务的记账凭证,再编制结转福利费业务的记账凭证;涉及债权投资的经济业务,先编制确认利息收入业务的记账凭证,再编制收到利息收入业务的记账凭证;涉及坏账收回的经济业务,先编制坏账准备转销业务的记账凭证,再编制收到应收款项业务的记账凭证。

24. 涉及销售退货的业务,暂不考虑相关包装物的会计处理,作红字记账凭证,先编制销售退回业务的记账凭证,再编制结转退货成本业务的记账凭证。

25. 涉及附有销售退回条款的销售业务,预估退货率为6%,约定销售退货期限为60天。

26. 涉及附有质量保证条款的销售业务,产品质量保证金计提比例为1%。

27. 所有餐费均为业务招待费。

28. 需要进一步分配的合同履约成本以销售的商品开票金额为分配标准,分配率保留4位小数,尾差计入最后一个对象。

29. 预缴企业所得税计算表中,先计算减免所得税额,如有尾差,计入本期应补(退)所得税额/税务机关确定的本期应纳所得税额。

三、企业主要税费

1. 本企业涉及如下税种的申报:增值税及附加税费的申报、财产及行为税申报、企业所得税月(季)申报、企业所得税年终汇算清缴。

2. 本企业销售与采购业务中,涉及的税费包括增值税、城市维护建设税、教育费附加、地方教育附加、印花税、房产税、城镇土地使用税、企业所得税等。

3. 主要税费适用税率表,如表3-8所示。

表3-8 主要税费适用税率表

税费	税目	税率
增值税	销售或者进口货物	13%
	加工、修理修配劳务	13%
	销售无形资产	6%
	金融商品转让	6%
	研发和技术服务	6%
	陆路运输服务	9%
印花税	买卖合同	0.03%
	运输合同	0.03%
	技术合同	0.03%
	租赁合同	0.1%
	证券交易	0.1%
	产权转移书据	0.03%

(续表)

税费	税目	税率
城市维护建设税		7%
教育费附加		3%
地方教育附加		2%
房产税		1.2%
城镇土地使用税		24元
企业所得税（居民企业）		25%

四、企业期初余额表

企业2023年12月期初余额表，如表3-9所示。

表3-9　企业期初余额表

2023年12月01日　　　　　　　　　　　　　　　　　　　　金额单位：元

科目代码	总账科目	明细科目	期初借方余额	期初贷方余额	单位	数量
1001	库存现金		3 000.00			
1002	银行存款		28 393 379.17			
100201	银行存款	中国建设银行徐州市鼓楼区支行-41244315423047	28 393 379.17			
1012	其他货币资金		10 858 550.00			
101201	其他货币资金	存出投资款	10 858 550.00			
10120101	其他货币资金	中国建设银行徐州市鼓楼区支行-62190854262085	10 858 550.00			
1101	交易性金融资产					
110101	交易性金融资产	股票				
11010101	交易性金融资产	股票——秀莹股				
1101010101	交易性金融资产	股票——秀莹股——成本				
1101010102	交易性金融资产	股票——秀莹股——公允价值变动				
1121	应收票据		277 795.36			
112101	应收票据	苏州乔迈食品有限公司	75 474.96			
112102	应收票据	苏州湘桥日化有限公司	202 320.40			
112103	应收票据	徐州安海百货有限公司				
1122	应收账款		451 390.00			
112201	应收账款	苏州湘桥日化有限公司				
112202	应收账款	徐州安海百货有限公司	395 500.00			

(续表)

科目代码	总账科目	明细科目	期初借方余额	期初贷方余额	单位	数量
112203	应收账款	无锡蓝绿百货有限公司	55 890.00			
1123	预付账款		449 059.50			
112301	预付账款	江苏电力股份有限公司	3 432.70			
112302	预付账款	徐州安宜生物科技有限公司	445 626.80			
1132	应收利息					
113201	应收利息	李军债				
1221	其他应收款					
1231	坏账准备			22 569.50		
123101	坏账准备	应收账款坏账准备		22 569.50		
1402	在途物资					
140201	在途物资	黄油				
140202	在途物资	全脂奶粉				
140203	在途物资	棉花糖				
140204	在途物资	蔓越莓干				
140205	在途物资	熟花生仁				
140206	在途物资	苏打饼干				
140207	在途物资	低筋面粉				
140208	在途物资	鸡蛋				
140209	在途物资	无盐黄油				
140210	在途物资	糖粉				
140211	在途物资	细砂糖				
140212	在途物资	食盐				
1403	原材料		151 519.60			
140301	原材料	黄油	17 050.80		千克	312
140302	原材料	全脂奶粉	5 278.00		千克	182
140303	原材料	棉花糖	9 360.00		千克	780
140304	原材料	蔓越莓干	241.80		千克	195
140305	原材料	熟花生仁	1 755.00		千克	195
140306	原材料	苏打饼干	1 950.00		千克	130
140307	原材料	低筋面粉	4 320.00		千克	1 080
140308	原材料	鸡蛋	10 260.00		千克	540
140309	原材料	无盐黄油	91 260.00		千克	1 404

(续表)

科目代码	总账科目	明细科目	期初借方余额	期初贷方余额	单位	数量
140310	原材料	糖粉	9 072.00		千克	756
140311	原材料	细砂糖	864.00		千克	108
140312	原材料	食盐	108.00		千克	54
1405	库存商品		408 780.00			
140501	库存商品	牛轧糖夹心苏打饼干	113 100.00		盒	7 800
140502	库存商品	丹麦曲奇饼干	295 680.00		盒	8 400
1407	应收退货成本		136 800.00			
140701	应收退货成本	牛轧糖夹心苏打饼干	41 760.00		盒	2 880
140702	应收退货成本	丹麦曲奇饼干	95 040.00		盒	2 700
1411	周转材料		1 029 583.00			
141101	周转材料	包装物	1 029 583.00			
14110101	周转材料	包装物——包装箱	22 000.00		只	10 000
14110102	周转材料	包装物——牛轧糖夹心苏打饼干袋	502 650.00		只	1 675 500
14110103	周转材料	包装物——牛轧糖夹心苏打饼干盒	217 815.00		只	145 210
14110104	周转材料	包装物——丹麦曲奇饼干盒	287 118.00		只	159 510
1462	合同资产					
1471	存货跌价准备					
1501	债权投资					
1502	债权投资减值准备					
150201	债权投资减值准备	债券				
1503	其他权益工具投资					
150301	其他权益工具投资	股票				
1504	其他债权投资					
150401	其他债权投资	债券				
15040101	其他债权投资	债券——李军债				
1504010101	其他债权投资	债券——李军债——成本				
1504010102	其他债权投资	债券——李军债——利息调整				
1504010103	其他债权投资	债券——李军债——公允价值变动				
1511	长期股权投资					

(续表)

科目代码	总账科目	明细科目	期初借方余额	期初贷方余额	单位	数量
1512	长期股权投资减值准备					
1521	投资性房地产					
152101	投资性房地产	房屋				
15210101	投资性房地产	房屋——办公楼				
1521010101	投资性房地产	房屋——办公楼——成本				
1521010102	投资性房地产	房屋——办公楼——公允价值变动				
1601	固定资产		10 352 204.00			
160101	固定资产	房屋及建筑物	7 560 000.00			
16010101	固定资产	房屋及建筑物——办公楼	2 700 000.00			
16010102	固定资产	房屋及建筑物——厂房	4 860 000.00			
160102	固定资产	生产设备	2 695 400.00			
16010201	固定资产	生产设备——饼干混合机	400 000.00			
16010202	固定资产	生产设备——饼干成形机	544 000.00			
16010203	固定资产	生产设备——饼干烤箱	351 400.00			
16010204	固定资产	生产设备——包装机	432 000.00			
16010205	固定资产	生产设备——面粉输送机	448 000.00			
16010206	固定资产	生产设备——饼干印刷机	280 000.00			
16010207	固定资产	生产设备——半自动生产线	240 000.00			
160103	固定资产	电子设备	96 804.00			
16010301	固定资产	电子设备——联想电脑	14 697.00			
16010302	固定资产	电子设备——惠普电脑	14 697.00			
16010303	固定资产	电子设备——戴尔电脑	44 817.00			
16010304	固定资产	电子设备——美的空调	4 399.00			
16010305	固定资产	电子设备——格力空调	18 194.00			
1602	累计折旧			1 468 471.95		
1606	固定资产清理					
160601	固定资产清理	生产设备				
16060101	固定资产清理	生产设备——饼干混合机				
1701	无形资产					
170101	无形资产	专利权				
17010101	无形资产	专利权——Y				

(续表)

科目代码	总账科目	明细科目	期初借方余额	期初贷方余额	单位	数量
1702	累计摊销					
170201	累计摊销	专利权				
17020101	累计摊销	专利权——Y				
1811	递延所得税资产					
1901	待处理财产损溢					
190101	待处理财产损溢	待处理流动资产损溢				
2001	短期借款					
2101	交易性金融负债					
2201	应付票据					
220101	应付票据	常州麦悦食品有限公司				
2202	应付账款					
220201	应付账款	常州麦悦食品有限公司				
2204	合同负债			3 692 840.00		
220401	合同负债	徐州安海百货有限公司		3 692 840.00		
2211	应付职工薪酬			382 822.02		
221101	应付职工薪酬	工资		267 895.00		
221102	应付职工薪酬	社会保险费		21 163.77		
22110201	应付职工薪酬	社会保险费——医疗保险		20 092.19		
22110202	应付职工薪酬	社会保险费——工伤保险		1 071.58		
221103	应付职工薪酬	设定提存计划		44 202.74		
22110301	应付职工薪酬	设定提存计划——养老保险		42 863.20		
22110302	应付职工薪酬	设定提存计划——失业保险		1 339.54		
221104	应付职工薪酬	住房公积金		26 789.50		
221105	应付职工薪酬	工会经费		3 214.74		
221106	应付职工薪酬	职工教育经费		12 858.96		
221107	应付职工薪酬	非货币性福利				
2221	应交税费			1 261 101.54		
222101	应交税费	应交增值税				
22210101	应交税费	应交增值税——进项税额				
22210102	应交税费	应交增值税——转出未交增值税				
22210103	应交税费	应交增值税——销项税额				

(续表)

科目代码	总账科目	明细科目	期初借方余额	期初贷方余额	单位	数量
22210104	应交税费	应交增值税——进项税额转出				
222102	应交税费	未交增值税		437 078.63		
222103	应交税费	转让金融商品应交增值税				
222104	应交税费	应交企业所得税		770 974.25		
222105	应交税费	应交城市维护建设税		30 595.50		
222106	应交税费	应交教育费附加		13 112.36		
222107	应交税费	应交地方教育附加		8 741.57		
222108	应交税费	应交房产税				
222109	应交税费	应交城镇土地使用税				
222110	应交税费	应交个人所得税		599.23		
222111	应交税费	应交印花税				
2231	应付利息					
2232	应付利润					
223201	应付利润	苏州华瑞实业有限责任公司				
223202	应付利润	徐州京能实业有限责任公司				
2241	其他应付款					
224101	其他应付款	社会保险费				
22410101	其他应付款	社会保险费——医疗保险				
224102	其他应付款	设定提存计划				
22410201	其他应付款	设定提存计划——养老保险				
22410202	其他应付款	设定提存计划——失业保险				
224103	其他应付款	住房公积金				
2801	预计负债			286 900.00		
280101	预计负债	未决诉讼				
280102	预计负债	产品质量保证		52 000.00		
280103	预计负债	应付退货款		234 900.00		
28010301	预计负债	应付退货款——牛轧糖夹心苏打饼干		86 400.00	盒	2 880
28010302	预计负债	应付退货款——丹麦曲奇饼干		148 500.00	盒	2 700

（续表）

科目代码	总账科目	明细科目	期初借方余额	期初贷方余额	单位	数量
2901	递延所得税负债					
4001	实收资本			17 000 000.00		
400101	实收资本	苏州华瑞实业有限责任公司		8 000 000.00		
400102	实收资本	徐州京能实业有限责任公司		9 000 000.00		
4002	资本公积			469 725.72		
400201	资本公积	资本溢价		469 725.72		
4101	盈余公积			2 008 501.02		
410101	盈余公积	法定盈余公积		1 339 000.67		
410102	盈余公积	任意盈余公积		669 500.35		
4102	其他综合收益					
410201	其他综合收益	其他债权投资公允价值变动				
4103	本年利润			20 034 642.94		
4104	利润分配			6 036 130.59		
410401	利润分配	提取法定盈余公积				
410402	利润分配	提取任意盈余公积				
410403	利润分配	应付利润				
410404	利润分配	未分配利润		6 036 130.59		
5001	生产成本		144 947.34			
500101	生产成本	基本生产成本	144 947.34			
50010101	生产成本	基本生产成本——牛轧糖夹心苏打饼干	51 151.61			
5001010101	生产成本	基本生产成本——牛轧糖夹心苏打饼干——直接材料	44 920.80		盒	4 500
5001010102	生产成本	基本生产成本——牛轧糖夹心苏打饼干——直接人工	4 776.33		盒	4 500
5001010103	生产成本	基本生产成本——牛轧糖夹心苏打饼干——制造费用	1 454.48		盒	4 500
50010102	生产成本	基本生产成本——丹麦曲奇饼干	93 795.73			
5001010201	生产成本	基本生产成本——丹麦曲奇饼干——直接材料	89 792.00		盒	3 200
5001010202	生产成本	基本生产成本——丹麦曲奇饼干——直接人工	3 069.12		盒	3 200

（续表）

科目代码	总账科目	明细科目	期初借方余额	期初贷方余额	单位	数量
5001010203	生产成本	基本生产成本——丹麦曲奇饼干——制造费用	934.61		盒	3 200
5002	合同履约成本					
500201	合同履约成本	服务成本				
50020101	合同履约成本	服务成本——广告展览费				
5101	制造费用					
510101	制造费用	固定资产维修费				
510102	制造费用	水电费				
510103	制造费用	工资				
510104	制造费用	工会经费				
510105	制造费用	职工教育经费				
510106	制造费用	社会保险费				
510107	制造费用	住房公积金				
510108	制造费用	折旧费				
510109	制造费用	职工福利费				
5301	研发支出					
530101	研发支出	资本化支出				
53010101	研发支出	资本化支出——F新技术项目				
530102	研发支出	费用化支出				
6001	主营业务收入					
600101	主营业务收入	商品销售收入				
60010101	主营业务收入	商品销售收入——牛轧糖夹心苏打饼干				
60010102	主营业务收入	商品销售收入——丹麦曲奇饼干				
6051	其他业务收入					
605101	其他业务收入	出租固定资产收入				
605102	其他业务收入	包装物销售收入				
605103	其他业务收入	出租包装物和商品收入				
6101	公允价值变动损益					
610101	公允价值变动损益	交易性金融资产公允价值变动				
610102	公允价值变动损益	投资性房地产公允价值变动				

(续表)

科目代码	总账科目	明细科目	期初借方余额	期初贷方余额	单位	数量
6111	投资收益					
611101	投资收益	交易手续费				
611102	投资收益	利息收入				
611103	投资收益	出售金融资产				
61110301	投资收益	出售金融资产——出售金融商品收益				
6115	资产处置损益					
611501	资产处置损益	非流动资产处置利得				
6301	营业外收入					
6401	主营业务成本					
640101	主营业务成本	商品销售成本				
64010101	主营业务成本	商品销售成本——牛轧糖夹心苏打饼干				
64010102	主营业务成本	商品销售成本——丹麦曲奇饼干				
640102	主营业务成本	服务成本				
64010201	主营业务成本	服务成本——牛轧糖夹心苏打饼干				
64010202	主营业务成本	服务成本——丹麦曲奇饼干				
6402	其他业务成本					
640201	其他业务成本	出租固定资产折旧额				
640202	其他业务成本	出租包装物和商品成本				
640203	其他业务成本	包装物销售成本				
6403	税金及附加					
640301	税金及附加	城市维护建设税				
640302	税金及附加	教育费附加				
640303	税金及附加	地方教育附加				
640304	税金及附加	城镇土地使用税				
640305	税金及附加	房产税				
6601	销售费用					
660101	销售费用	广告宣传费				
660102	销售费用	预计商品质量保证损失				
660103	销售费用	工资				
660104	销售费用	职工福利费				

(续表)

科目代码	总账科目	明细科目	期初借方余额	期初贷方余额	单位	数量
660105	销售费用	社会保险费				
660106	销售费用	住房公积金				
660107	销售费用	工会经费				
660108	销售费用	职工教育经费				
660109	销售费用	水电费				
660110	销售费用	折旧费				
660111	销售费用	差旅费				
6602	管理费用		20 092.19			
660201	管理费用	业务招待费				
660202	管理费用	盘亏损失				
660203	管理费用	无形资产摊销费				
660204	管理费用	工资				
660205	管理费用	职工福利费				
660206	管理费用	社会保险费——医疗保险		20 092.19		
660207	管理费用	住房公积金				
660208	管理费用	工会经费				
660209	管理费用	职工教育经费				
660210	管理费用	水电费				
660211	管理费用	差旅费				
660212	管理费用	折旧费				
660213	管理费用	董事会费				
6603	财务费用					
660301	财务费用	利息支出				
660302	财务费用	工本及手续费				
6701	资产减值损失					
6702	信用减值损失					
670201	信用减值损失	坏账损失				
6711	营业外支出					
671101	营业外支出	滞纳金				
671102	营业外支出	捐赠支出				
671103	营业外支出	预计赔偿损失				
6801	所得税费用					
680101	所得税费用	当期所得税费用				

五、企业经济业务

企业 2023 年 12 月经济业务及纳税申报涉税税种如表 3-10 所示。

表 3-10　企业 2023 年 12 月经济业务及纳税申报涉税税种

业务序号	日期	经济业务题干	增值税	企业所得税	印花税
1	2023 年 12 月 1 日	采购材料,未入库,款项上月已预付,同时运费单独支付给承运商	*		*
2	2023 年 12 月 1 日	支付广告宣传费	*	*	
3	2023 年 12 月 2 日	销售商品,预计退货,货款未收,包装物单独计价	*	*	*
4	2023 年 12 月 2 日	购买股票	*		
5	2023 年 12 月 2 日	本期在途物资入库			
6	2023 年 12 月 3 日	支付业务招待费(餐费)		*	
7	2023 年 12 月 3 日	采购材料,已入库,款项以银行汇票背书支付,同时运费单独支付给承运商	*		*
8	2023 年 12 月 4 日	销售商品,预计退货,冲销期初预收款,包装物单独计价	*	*	*
9	2023 年 12 月 4 日	对外捐赠货币资金		*	
10	2023 年 12 月 5 日	实际发生坏账损失		*	
11	2023 年 12 月 5 日	销售商品,购货方以银行汇票支付部分货款,预计会发生退货,余款暂欠	*	*	*
12	2023 年 12 月 5 日	以自产产品作为非货币性福利发放给职工	*		
13	2023 年 12 月 6 日	购入生产设备	*	*	*
14	2023 年 12 月 6 日	取得其他债权投资	*		
15	2023 年 12 月 7 日	购入一项专利权	*		*
16	2023 年 12 月 7 日	支付上月工资,同时代扣三险一金及个税			
17	2023 年 12 月 7 日	采购材料,已入库,款项以银行汇票支付,同时运费单独支付给承运商	*		*
18	2023 年 12 月 8 日	缴纳上月企业所得税			
19	2023 年 12 月 8 日	缴纳上月个人所得税			
20	2023 年 12 月 9 日	缴纳上月社会保险费			
21	2023 年 12 月 9 日	缴纳上月住房公积金			

(续表)

业务序号	日期	经济业务题干	增值税	企业所得税	印花税
22	2023年12月9日	出租生产用设备	*		*
23	2023年12月10日	房屋转为投资性房地产		*	
24	2023年12月10日	收取出租房屋租金	*		*
25	2023年12月11日	支付职工培训费	*	*	
26	2023年12月11日	采购人员报销差旅费，网银支付报销款	*		
27	2023年12月12日	支付会议费	*		
28	2023年12月12日	出售生产用设备，转入清理			
29	2023年12月13日	支付委外研发费用（非关联企业、资本化）	*	*	*
30	2023年12月13日	采购材料，已入库，款项尚未支付，同时运费款由供应商代垫	*		*
31	2023年12月13日	发生本期采购退货，承接业务17	*		
32	2023年12月14日	银行汇票背书转让，以支付前欠货款			
33	2023年12月14日	收到固定资产清理收入	*		
34	2023年12月14日	支付固定资产清理费用——装卸费	*		
35	2023年12月15日	结转固定资产清理净损益			
36	2023年12月15日	支付生产车间设备修理费	*		
37	2023年12月15日	出租包装物	*		*
38	2023年12月16日	出售一部分交易性金融资产（股票），当期计算增值税	*		*
39	2023年12月17日	办理银行承兑汇票贴现			
40	2023年12月18日	收到期初前欠货款，以银行承兑汇票收取			
41	2023年12月19日	支付增值税及附加税费			
42	2023年12月19日	因延期4天缴纳增值税及附加税费，而产生滞纳金		*	
43	2023年12月26日	发生上期销售退货	*	*	
44	2023年12月28日	发生本期销售退货，承接业务11	*	*	
45	2023年12月31日	分配并支付水费	*		

(续表)

业务序号	日期	经济业务题干	增值税	企业所得税	印花税
46	2023年12月31日	分配电费（电费期初已预付）	*		
47	2023年12月31日	计提工资			
48	2023年12月31日	计提社会保险费			
49	2023年12月31日	计提住房公积金			
50	2023年12月31日	计提工会经费		*	
51	2023年12月31日	计提职工教育经费		*	
52	2023年12月31日	结转发出原材料成本			
53	2023年12月31日	结转发出周转材料成本			
54	2023年12月31日	无形资产摊销（可以加计扣除的摊销）			
55	2023年12月31日	固定资产折旧（税法的年限和会计的年限不一样）			
56	2023年12月31日	结转非货币性福利承接业务口			
57	2023年12月31日	制造费用归集与分配			
58	2023年12月31日	结转完工产品生产成本			
59	2023年12月31日	计提其他债权投资利息			
60	2023年12月31日	其他债权投资公允价值变动			
61	2023年12月31日	交易性金融资产公允价值变动		*	
62	2023年12月31日	投资性房地产公允价值变动		*	
63	2023年12月31日	计提本期坏账准备		*	
64	2023年12月31日	存货盘亏，进项税额转出	*		
65	2023年12月31日	处理存货盘亏损失			
66	2023年12月31日	结转已销售产品成本		*	
67	2023年12月31日	结转合同履约成本			
68	2023年12月31日	年底重新估计预计退货率		*	
69	2023年12月31日	确认预计产品质量保证损失（适用新收入准则）		*	
70	2023年12月31日	计提预计支付的诉讼费（"跨期扣除项目"纳税调整）		*	
71	2023年12月31日	计提第四季度的房产税			
72	2023年12月31日	计提第四季度的城镇土地使用税			
73	2023年12月31日	结转本期未交增值税	*		

(续表)

业务序号	日期	经济业务题干	增值税	企业所得税	印花税
74	2023年12月31日	计提附加税费			
75	2023年12月31日	计提应预缴企业所得税			
76	2023年12月31日	月末结转损益			
77	2023年12月31日	结转净利润到未分配利润			
78	2023年12月31日	计提法定、任意盈余公积			
79	2023年12月31日	宣告发放股利			
80	2023年12月31日	结转未分配利润			

六、说明事项

1. 2023年1～11月损益项目发生额，如表3-11所示。

表3-11　2023年1～11月损益项目发生额

单位：元

科目名称	1～11月累计借方发生额	1～11月累计贷方发生额
营业收入		64 063 862.50
营业成本	30 427 333.20	
税金及附加	834 740.33	
销售费用	583 037.12	
管理费用	1 615 476.00	
财务费用	5 890.00	
信用减值损失	22 569.50	
营业外支出	1 647 551.82	
资产处置损益	2 214 407.28	
所得税费用	6 678 214.31	

2. 有关事项说明如下：

（1）假定1～11月产生的营业收入、营业成本均来自销售商品；1～11月未发生其他业务收入和成本。

（2）假定1～11月营业外支出均为捐赠支出（其中1 640 000元，50%为非公益性捐赠、50%为公益性捐赠；其余金额属于处置固定资产净损失）。

（3）1～11月管理费用明细科目累计发生额，如表3-12所示。

表 3-12　1～11 月管理费用明细科目累计发生额

单位:元

总账科目	明细科目	1～11 月累计借方发生额
管理费用	业务招待费	309 068.74
	差旅费	15 471.82
	水电费	6 631.32
	工资	795 850.00
	社会保险费	194 187.40
	住房公积金	79 585.00
	工会经费	15 917.00
	职工教育经费	63 668.00
	折旧费	135 096.72
	合计	1 615 476.00

（4）1～11 月销售费用明细科目累计发生额，如表 3-13 所示。

表 3-13　1～11 月销售费用明细科目累计发生额

单位:元

总账科目	明细科目	1～11 月累计借方发生额
销售费用	水电费	2 398.82
	工资	259 600.00
	社会保险费	63 342.40
	住房公积金	25 960.00
	工会经费	5 192.00
	职工教育经费	20 768.00
	折旧费	5 245.13
	预计商品质量保证损失	52 000.00
	差旅费	148 530.77
	合计	583 037.12

(5) 1~11月财务费用明细科目累计发生额,如表3-14所示。

表3-14　1~11月财务费用明细科目累计发生额

单位:元

总账科目	明细科目	1~11月累计借方发生额
财务费用	工本及手续费	5 890.00
	合计	5 890.00

(6) 假定本年仅涉及秀莹股、李军债的金融资产交易。

(7) 1~11月"应付职工薪酬"科目发生额如表3-15所示。假定1~11月份均未发生其他与职工相关的支出。每月计提的工资、社会保险费、住房公积金、工会经费、职工教育经费一致。

表3-15　1~11月"应付职工薪酬"科目发生额

总账科目	明细科目	1~11月累计借方发生额	1~11月累计贷方发生额
应付职工薪酬	工资	2 946 845.00	2 946 845.00
	社会保险费	719 031.61	719 031.61
	住房公积金	294 684.50	294 684.50
	工会经费	55 722.16	58 936.90
	职工教育经费	222 888.64	235 747.60
	合计	4 239 171.91	4 255 245.61

(8) 信用减值损失发生额均来自计提的坏账准备。1~11月未实际发生坏账损失。

(9) 企业除研发F新技术项目外,不涉及其他研发项目。

(10) 假定本年固定资产、无形资产除本月发生变动外,其他月份未发生变动。

(11) 购买材料、设备、专利权,销售商品、设备,委外研发,出租业务,均涉及合同;小额零星支出不签订合同。

(12) 印花税按季度征收。

七、企业经济业务涉及的凭证

[业务 1]　2023 年 12 月 1 日，取得原始凭证 4 张。

背景单据 1-1

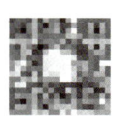

发票号码：23322000000000085156
开票日期：2023年12月01日

购买方信息	名称：徐州新味食品有限责任公司 统一社会信用代码/纳税人识别号：913203024832753036				销售方信息	名称：徐州安宜生物科技有限公司 统一社会信用代码/纳税人识别号：913203033010908715		
项目名称	规格型号	单位	数量	单价	金额	税率/征收率	税额
*乳制品*全脂奶粉		千克	3080	29.00	89320.00	13%	11611.60
*乳制品*低筋面粉		千克	24600	4.00	98400.00	13%	12792.00
*乳制品*糖粉		千克	17220	12.00	206640.00	13%	26863.20
合计					¥394360.00		¥51266.80
价税合计（大写）	⊗ 肆拾肆万伍仟陆佰贰拾陆元捌角整				（小写） ¥445626.80		
备注							

开票人：齐立真

背景单据 1-2

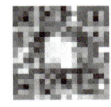
货物运输服务

发票号码：23322000000000060057
开票日期：2023年12月01日

购买方信息	名称：徐州新味食品有限责任公司 统一社会信用代码/纳税人识别号：913203024832753036				销售方信息	名称：徐州广泰物流运输有限责任公司 统一社会信用代码/纳税人识别号：913203032050228284		
项目名称		单位	数量	单价	金额	税率/征收率	税额
*运输服务*运输费		次	1	1200.00	1200.00	9%	108.00
合计					¥1200.00		¥108.00
运输工具种类	运输工具牌号	起运地		到达地	运输货物名称		
公路运输	苏B80711	徐州市云龙区		徐州市鼓楼区	全脂奶粉、低筋面粉、糖粉		
价税合计（大写）	⊗ 壹仟叁佰零捌元整				（小写） ¥1308.00		
备注							

开票人：张弘

背景单据 1-3

中国建设银行客户专用回单

币别：人民币　　　　　2023 年 12 月 01 日　　　流水号 320320027J0500810077

付款人	全称	徐州新味食品有限责任公司	收款人	全称	徐州广泰物流运输有限责任公司
	账号	41244315423047		账号	41155554368098
	开户行	中国建设银行徐州市鼓楼区支行		开户行	中国建设银行徐州市云龙区支行
金额	（大写）人民币壹仟叁佰零捌元整			（小写）¥1308.00	
凭证种类	网银		凭证号码		
结算方式	转账		用途	运费	

打印柜员：320325584257　徐州市鼓楼区支行
打印机构：中国建设银行徐州市鼓楼区支行
打印卡号：41244315423047

打印时间：2023-12-01　　交易柜员：320325584257　　交易机构：320310591

背景单据 1-4

采购费用分配表

2023-12-01　　　　　　　　　　　　　　　　　　　　　　金额单位：元

材料名称	分配标准（千克）	分配率	分配金额
全脂奶粉	3080	0.0267	82.24
低筋面粉	24600	0.0267	656.82
糖粉	17220	0.0267	460.94
合计	44900		1200.00

制表：梁哲远　　　　　　　　　　　　　　　　　　　　审核：叶启尔

[业务 2]　2023 年 12 月 1 日，取得原始凭证 2 张。

背景单据 2-1

中国建设银行客户专用回单

币别：人民币　　2023 年 12 月 01 日　　流水号 320320027J0500810049

付款人	全称	徐州新味食品有限责任公司	收款人	全称	扬州绘愿广告服务有限责任公司
	账号	41244315423047		账号	41560788933196
	开户行	中国建设银行徐州市鼓楼区支行		开户行	中国建设银行扬州市邗江区支行

金额	（大写）人民币壹拾贰万柒仟贰佰元整	（小写）¥127200.00
凭证种类	网银	凭证号码
结算方式	转账	用途　支付广告宣传费

打印柜员：320325584268
打印机构：中国建设银行徐州市鼓楼区支行
打印卡号：41244315423047

打印时间：2023-12-01　　交易柜员：320325584268　　交易机构：320310556

背景单据 2-2

电子发票（增值税专用发票）

发票号码：23322000000000096462
开票日期：2023年11月30日

购买方信息	名称：徐州新味食品有限责任公司 统一社会信用代码/纳税人识别号：913203024832753036	销售方信息	名称：扬州绘愿广告服务有限责任公司 统一社会信用代码/纳税人识别号：913210032744649497

项目名称	规格型号	单位	数量	单价	金额	税率/征收率	税额
*会议展览服务*广告宣传费		次	10	12000.00	120000.00	6%	7200.00
合计					¥120000.00		¥7200.00

价税合计（大写）	壹拾贰万柒仟贰佰元整	（小写）¥127200.00

备注	货物名称：牛轧糖夹心苏打饼干、丹麦曲奇饼干

开票人：刘毅玮

[业务3] 2023年12月2日，取得原始凭证4张。

背景单据3-1

电子发票（增值税专用发票）

发票号码：23322000000000055451
开票日期：2023年12月02日

购买方信息	名称：徐州安海百货有限公司 统一社会信用代码/纳税人识别号：913203052896032425				销售方信息	名称：徐州新味食品有限责任公司 统一社会信用代码/纳税人识别号：913203024832753036			
项目名称	规格型号	单位	数量	单价	金额		税率/征收率		税额
*焙烤食品*牛轧糖夹心苏打饼干		盒	35000	30.00	1050000.00		13%		136500.00
*焙烤食品*丹麦曲奇饼干		盒	35000	55.00	1925000.00		13%		250250.00
*纸制品*包装箱		只	3500	10.00	35000.00		13%		4550.00
合计					¥3010000.00				¥391300.00
价税合计（大写）	⊗ 叁佰肆拾万壹仟叁佰元整						（小写）¥3401300.00		
备注										

开票人：林水绣

背景单据3-2

销售单

购货单位：徐州安海百货有限公司　地址和电话：江苏省徐州市贾汪区环唯路89号0516-39218743　单据编号：XS4553
纳税识别号：913203052896032425　开户行及账号：中国建设银行徐州市贾汪区支行41650598217911　制单日期：2023-12-02

编码	产品名称	规格	单位	单价	数量	金额	备注
301	牛轧糖夹心苏打饼干		盒	33.90	35000	1186500.00	
302	丹麦曲奇饼干		盒	62.15	35000	2175250.00	
204	包装箱		只	11.30	3500	39550.00	
合计	人民币（大写）：叁佰肆拾万壹仟叁佰元整				—	¥3401300.00	

销售经理：何美美　　经手人：潘维娜　　会计：梁哲远　　签收人：孟翠

背景单据 3-3

购销合同

购方：徐州安海百货有限公司　　　合同编号：202331
销方：徐州新味食品有限责任公司　　签订地点：徐州市

供、需双方本着互利互惠、长期合作的原则，根据《中华人民共和国民法典》及双方的实际情况，就需方向供方采购事宜，订立本合同，以便双方在合同履行中共同遵守。

一、产品名称、数量、单价、金额：

产品名称	规格型号	计量单位	数量	单价	金额	备注
牛轧糖夹心苏打饼干		盒	35000	33.90	1186500.00	含税金额
丹麦曲奇饼干		盒	35000	62.15	2175250.00	
包装箱		只	3500	11.30	39550.00	
合计					¥3401300.00	

合计人民币（大写）：叁佰肆拾万壹仟叁佰元整

二、质量要求、技术标准、供方对质量负责的条件和期限：按合同企业标准。

三、（1）交（提）货地点、方式：江苏省徐州市鼓楼区宋力街张丽路91号。
　　（2）交货日期：2023-12-02。

四、付款时间与付款方式：
　　（略）

五、运输方式及到站、港和费用负担：销售方承担。

六、合理损耗及计算方法：以实际数量验收。

七、包装标准、包装物的供应与回收：普通包装，不回收包装物。

八、验收标准、方法及提出异议期限：
货到需方7天内提出质量异议，不包括运输过程中造成的质量问题。自收到货物的60天内可以提出退货，运费由购货方承担。

九、违约责任：按《中华人民共和国民法典》。

十、解决合同纠纷的方式：双方协商解决。

十一、其他约定事项：
本合同一式两份，供、需双方各一份，经双方盖章后即生效。

本合同产品不含税金额3010000.00元，税率13%，税额391300.00元，并开具增值税专用发票。

购方（盖章）：徐州安海百货有限公司	销方（盖章）：徐州新味食品有限责任公司
单位地址：江苏省徐州市贾汪区铁路路89号	单位地址：江苏省徐州市鼓楼区宋力街张丽路91号
电　话：0516-39218743	电　话：0516-8818422
签订日期：2023-11-01	签订日期：2023-11-01
开户银行：中国建设银行徐州市贾汪区支行	开户银行：中国建设银行徐州市鼓楼区支行
账　号：41650598217911	账　号：41244315423047

背景单据 3-4

经理办公会议纪要

企业根据销售及退货情况分析，牛轧糖夹心苏打饼干退货率为6%、丹麦曲奇饼干退货率为6%。

林逸方　　叶启尔　　何美美

2023-12-02

[业务 4] 2023年12月2日，取得原始凭证3张。

背景单据 4-1

交 割 单

营业部名：北京梁树证券服务股份有限公司
股东姓名：徐州新味食品有限责任公司
资金账户：62190854262085
当前币种：人民币

成交日期	操作	证券代码	证券名称	成交数量	成交均价	成交金额	手续费	印花税	其他费用	结算金额	账户	交易市场
2023-12-01	买入	803725	秀莹股	20000	11.50	230000.00	400			230400.00	62190854262085	上海A股

背景单据 4-2

经理办公会会议纪要

　　企业以不高于每股 11.50 元的价格购入秀莹股发行在外的 20000 股股票，分类为以公允价值计量且其变动计入当期损益的金融资产。

参加人员：

林逸方　　叶启尔　　何美美　　张政康

2023-12-01

背景单据 4-3

电子发票（增值税专用发票）

发票号码：23112000000000074781
开票日期：2023年12月02日

购买方信息	名称：徐州新味食品有限责任公司 统一社会信用代码/纳税人识别号：913203024832753036
销售方信息	名称：北京梁树证券服务股份有限公司 统一社会信用代码/纳税人识别号：911101013113024925

项目名称	规格型号	单位	数量	单价	金额	税率/征收率	税额
*金融服务*直接收费金融服务		次	1	377.36	377.36	6%	22.64
合计					¥377.36		¥22.64

价税合计（大写）：肆佰元整　　（小写）¥400.00

备注：

开票人：齐金

[业务5] 2023年12月2日，取得原始凭证1张。

背景单据5

收 料 单

供应单位：徐州安宜生物科技有限公司　　　　2023年12月02日　　　　编号 SL7101

材料编号	名称	单位	规格	数量 应收	数量 实收	实际成本 单价	实际成本 发票价格	实际成本 运杂费	实际成本 总价
102	全脂奶粉	千克		3080	3080				
107	低筋面粉	千克		24600	24600				
110	糖粉	千克		17220	17220				

备注：

收料人：李智程　　　　交料人：李兰

[业务6] 2023年12月3日，取得原始凭证2张。

背景单据6-1

电子发票（增值税专用发票）

发票号码：23322000000000099939
开票日期：2023年12月02日

购买方信息　名称：徐州新味食品有限责任公司
统一社会信用代码/纳税人识别号：913203024832753036

销售方信息　名称：无锡华香酒店有限责任公司
统一社会信用代码/纳税人识别号：913202033348531433

项目名称	规格型号	单位	数量	单价	金额	税率/征收率	税额
*餐饮服务*餐饮费		次	1	1745.28	1745.28	6%	104.72
合计					¥1745.28		¥104.72

价税合计（大写）　壹仟捌佰伍拾元整　　（小写）¥1850.00

备注：

开票人：庞凤霞

背景单据 6-2

中国建设银行客户专用回单

币别	人民币		2023 年 12 月 03 日	流水号	320320027J0500810083
付款人	全称	徐州新味食品有限责任公司	收款人	全称	无锡华香酒店有限责任公司
	账号	41244315423047		账号	41655154571543
	开户行	中国建设银行徐州市鼓楼区支行		开户行	交通银行无锡市南长区支行
金额	(大写) 人民币壹仟捌佰伍拾元整			(小写) ¥1850.00	
凭证种类	网银		凭证号码		
结算方式	转账		用途	支付餐费	

汇划日期：2023-12-03　　汇划款项编号：45428959
报文顺序号：62936168　　汇划行行号：105310482913924　　打印柜员：32032558
汇出行行名：中国建设银行徐州市鼓楼区支行　　打印机构：中国建设银行徐州市鼓楼区支行
业务类型：0060　　原凭证金额：1850.00　　打印卡号：41244315423047
原凭证种类：0703　　原凭证号码：
附言：
打印时间：2023-12-03　　交易柜员：320325584268　　交易机构：320310557

（中国建设银行徐州市鼓楼区支行 电子回单专用章）

[业务7] 2023 年 12 月 3 日，取得原始凭证 6 张。

背景单据 7-1

收 料 单

供应单位：苏州乔迈食品有限公司　　2023 年 12 月 03 日　　编号：SL7102

材料编号	名称	单位	规格	数量 应收	数量 实收	实际成本 单价	实际成本 发票价格	实际成本 运杂费	总价
104	蔓越莓干	千克		3300	3300				
105	熟花生仁	千克		3300	3300				
106	苏打饼干	千克		2200	2200				

备注：
收料人：李智程　　　　交料人：邵素云

背景单据 7-2

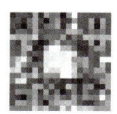

电子发票（增值税专用发票）

发票号码：23112000000000049371
开票日期：2023年12月03日

购买方信息	名称：徐州新味食品有限责任公司 统一社会信用代码/纳税人识别号：913203024832753036	销售方信息	名称：苏州乔迈食品有限公司 统一社会信用代码/纳税人识别号：911101015466372138

项目名称	规格型号	单位	数量	单价	金额	税率/征收率	税额
*坚果*蔓越莓干		千克	3300	1.24	4092.00	13%	531.96
*坚果*熟花生仁		千克	3300	9.00	29700.00	13%	3861.00
*焙烤食品*苏打饼干		千克	2200	15.00	33000.00	13%	4290.00
合计					¥66792.00		¥8682.96

价税合计（大写）：柒万伍仟肆佰柒拾肆元玖角陆分　（小写）¥75474.96

备注：

开票人：刘菲立

背景单据 7-3

货物运输服务

电子发票（增值税专用发票）

发票号码：23322000000000099012
开票日期：2023年12月03日

购买方信息	名称：徐州新味食品有限责任公司 统一社会信用代码/纳税人识别号：913203024832753036	销售方信息	名称：苏州海宇物流运输有限责任公司 统一社会信用代码/纳税人识别号：913205056115198687

项目名称	单位	数量	单价	金额	税率/征收率	税额
*运输服务*运输费	次	1	900.00	900.00	9%	81.00
合计				¥900.00		¥81.00

运输工具种类	运输工具牌号	起运地	到达地	运输货物名称
公路运输	苏B96235	苏州市相城区	徐州市鼓楼区	蔓越莓干、熟花生仁、苏打饼干

价税合计（大写）：玖佰捌拾壹元整　（小写）¥981.00

备注：

开票人：杨子文

背景单据 7-4

中国建设银行客户专用回单

币别	人民币		2023 年 12 月 03 日		流水号	320320027J0500810080
付款人	全称	徐州新味食品有限责任公司		收款人	全称	苏州海宇物流运输有限责任公司
	账号	41244315423047			账号	41319524854140
	开户行	中国建设银行徐州市鼓楼区支行			开户行	中国建设银行苏州市虎丘区支行
金额	(大写) 人民币玖佰捌拾壹元整				(小写) ￥981.00	
凭证种类	网银			凭证号码		
结算方式	转账			用途	运费	

打印柜员：320325584257
打印机构：中国建设银行徐州市鼓楼区支行
打印卡号：41244315423047

打印时间：2023-12-03　交易柜员：320325584257　交易机构：320310579

背景单据 7-5

采购费用分配表

2023-12-03　　　　　　　　　　　　　　　　　　　　　　　金额单位：元

材料名称	分配标准（千克）	分配率	分配金额
蔓越莓干	3300	0.1023	337.59
熟花生仁	3300	0.1023	337.59
苏打饼干	2200	0.1023	224.82
合计	8800		900.00

制表：梁哲远　　　　　　　　　　　　　　　　　　　　　　　审核：叶启尔

背景单据 7-6

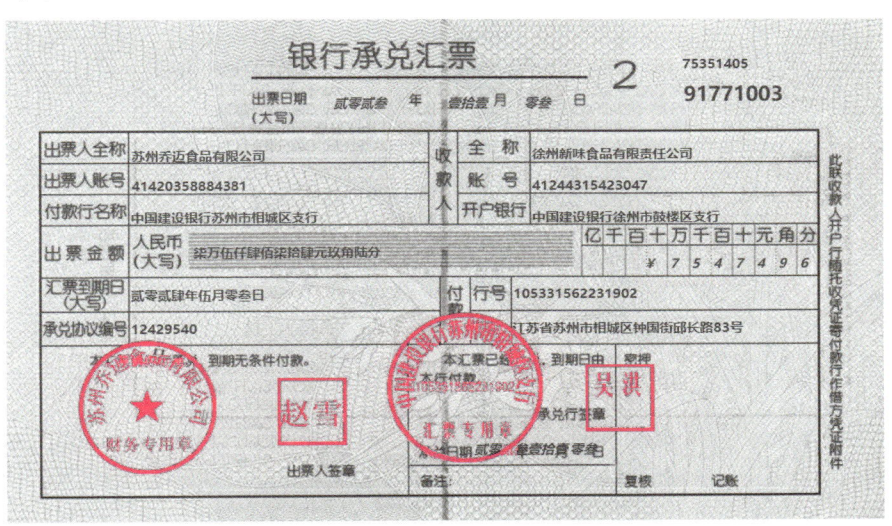

银行承兑汇票

2　75351405　91771003

出票日期（大写）：贰零贰叁 年 壹拾壹 月 零叁 日

出票人全称	苏州乔迈食品有限公司	收款人	全称	徐州新味食品有限责任公司
出票人账号	41420358884381		账号	41244315423047
付款行名称	中国建设银行苏州市相城区支行		开户银行	中国建设银行徐州市鼓楼区支行

出票金额：人民币（大写）柒万伍仟肆佰柒拾肆元玖角陆分　￥75474.96

汇票到期日（大写）：贰零贰肆年伍月零叁日
付款行号：105331562231902

承兑协议编号：12429540
地址：江苏省苏州市相城区钟街邱长路83号

本汇票请予以承兑，到期无条件付款。
本汇票已经承兑，到期日由承兑行付款。

出票人签章：赵雪
复核：吴洪
记账：

被背书人	常州麦悦食品有限公司	被背书人		被背书人	
	[常州鲜味食品有限责任公司 财务专用章] [陈一琳]				（贴粘单处）
	背书人签章 2023 年 12 月 03 日	背书人签章 年 月 日		背书人签章 年 月 日	

[业务8] 2023年12月4日，取得原始凭证4张。

背景单据8-1

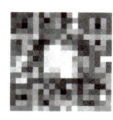

电子发票（增值税专用发票）

发票号码：23322000000000071181
开票日期：2023年12月04日

购买方信息	名称：徐州安海百货有限公司 统一社会信用代码/纳税人识别号：913203052896032425
销售方信息	名称：徐州新味食品有限责任公司 统一社会信用代码/纳税人识别号：913203024832753036

项目名称	规格型号	单位	数量	单价	金额	税率/征收率	税额
*焙烤食品*牛轧糖夹心苏打饼干		盒	38000	30.00	1140000.00	13%	148200.00
*焙烤食品*丹麦曲奇饼干		盒	38000	55.00	2090000.00	13%	271700.00
*纸制品*包装箱		只	3800	10.00	38000.00	13%	4940.00
合计					¥3268000.00		¥424840.00

价税合计（大写）：叁佰陆拾玖万贰仟捌佰肆拾元整　（小写）¥3692840.00

备注：

开票人：林水绣

背景单据8-2

销售单

购货单位：徐州安海百货有限公司
地址和电话：江苏省徐州市贾汪区环唯路89号 0516-39218743
单据编号：XS4554
纳税识别号：913203052896032425
开户行及账号：中国建设银行徐州市贾汪区支行41650598217911
制单日期：2023-12-04

编码	产品名称	规格	单位	单价	数量	金额	备注
301	牛轧糖夹心苏打饼干		盒	33.90	38000	1288200.00	
302	丹麦曲奇饼干		盒	62.15	38000	2361700.00	
204	包装箱		只	11.30	3800	42940.00	

合计　人民币（大写）：叁佰陆拾玖万贰仟捌佰肆拾元整　—　¥3692840.00

销售经理：何芙美　经手人：潘维娜　会计：梁哲远　签收人：高宏

背景单据 8-3

购销合同

购方：徐州安海百货有限公司　　　　合同编号：202333
销方：徐州新味食品有限责任公司　　签订地点：徐州市

供、需双方本着互利互惠、长期合作的原则，根据《中华人民共和国民法典》及双方的实际情况，就需方向供方采购事宜，订立本合同，以使双方在合同履行中共同遵守。

一、产品名称、数量、单价、金额

产品名称	规格型号	计量单位	数量	单价	金额	备注
牛轧糖夹心苏打饼干		盒	38000	33.90	1288200.00	含税金额
丹麦曲奇饼干		盒	38000	62.15	2361700.00	
包装箱		只	3800	11.30	42940.00	
合计					¥3692840.00	
合计人民币（大写）：叁佰陆拾玖万贰仟捌佰肆拾元整

二、质量要求、技术标准、供方对质量负责的条件和期限：按合同企业标准。

三、（1）交（提）货地点、方式：江苏省徐州市鼓楼区宋力街张丽路91号。

　　（2）交货日期：2023-12-04。

四、付款时间与付款方式：

　　（略）

五、运输方式及到站、港和费用负担：销售方承担。

六、合理损耗及计算方法：以实际数量验收。

七、包装标准、包装物的供应与回收：普通包装，不回收包装物。

八、验收标准、方法及提出异议期限：

　　货到需方7天内提出质量异议，不包括运输过程中造成的质量问题。自收到货物的60天内可以提出退货，运费由购货方承担。

九、违约责任：按《中华人民共和国民法典》。

十、解决合同纠纷的方式：双方协商解决。

十一、其他约定事项：

　　本合同一式两份，供、需双方各一份，经双方盖章后即生效。

　　本合同产品不含税金额3268000.00元，税率13%，税额424840.00元，并开具增值税专用发票。

购方（盖章）：徐州安海百货有限公司　　　销方（盖章）：徐州新味食品有限责任公司
单位地址：江苏省徐州市贾汪区环唯路88号　　单位地址：江苏省徐州市鼓楼区宋力街张丽路1号
电　话：0516-3928743　　　　　　　　　　电　话：0516-8818422O
签订日期：2023-11-01　　　　　　　　　　签订日期：2023-11-01
开户银行：中国建设银行徐州市贾汪区支行　　开户银行：中国建设银行徐州市鼓楼区支行
账　号：41650598217511　　　　　　　　账　号：41244315423047

背景单据8-4

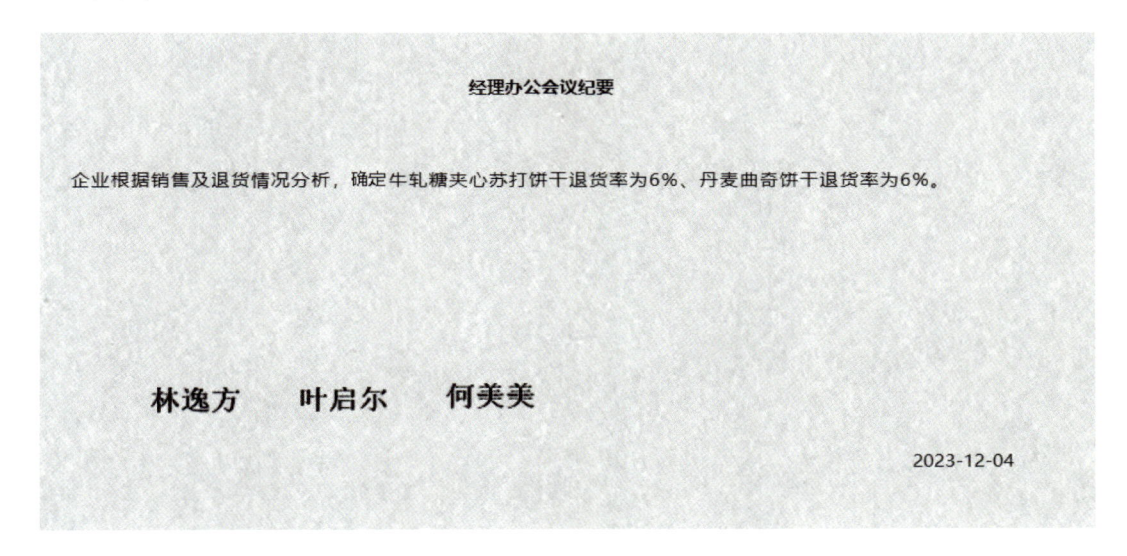

经理办公会议纪要

企业根据销售及退货情况分析，确定牛轧糖夹心苏打饼干退货率为6%、丹麦曲奇饼干退货率为6%。

林逸方　　叶启尔　　何美美

2023-12-04

[业务9] 2023年12月4日，取得原始凭证2张。

背景单据9-1

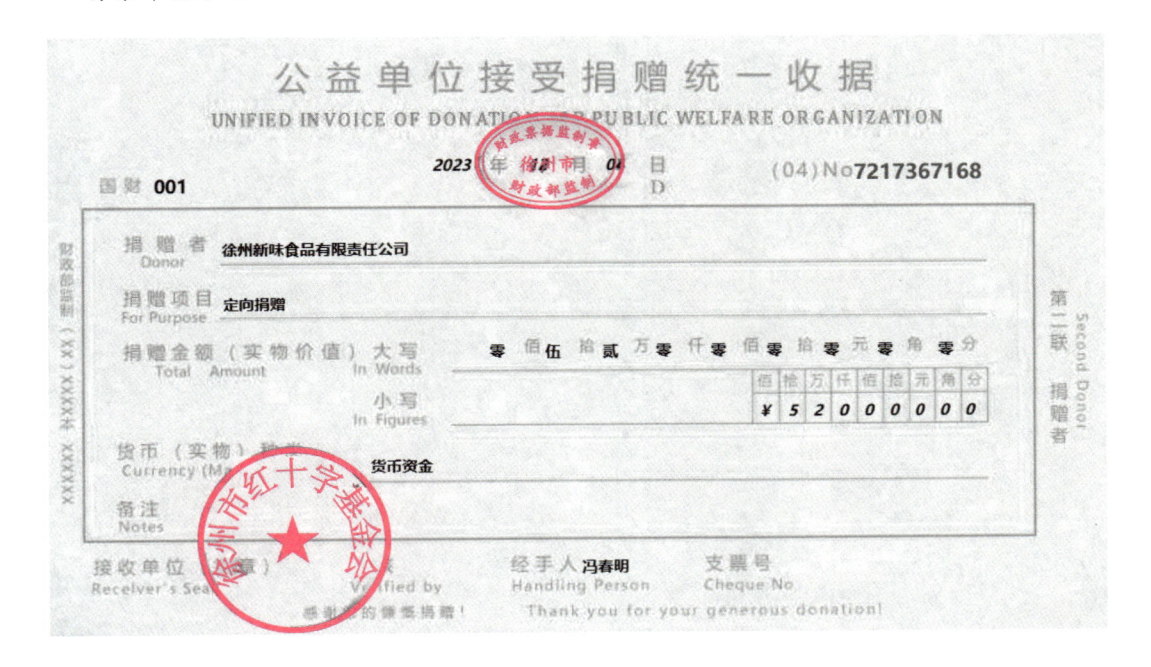

公益单位接受捐赠统一收据
UNIFIED INVOICE OF DONATION FOR PUBLIC WELFARE ORGANIZATION

国财 001

2023年12月04日　（04）No 7217367168

捐赠者 Donor：徐州新味食品有限责任公司

捐赠项目 For Purpose：定向捐赠

捐赠金额（实物价值）Total Amount
大写 In Words：零佰伍拾贰万零仟零佰零拾零元零角零分
小写 In Figures：￥52000000

货币（实物）种类 Currency：货币资金

备注 Notes：

接收单位（章）Receiver's Seal：徐州市红十字基金会

经手人 Handling Person：冯春明

支票号 Cheque No：

感谢您的慷慨捐赠！Thank you for your generous donation!

背景单据 9-2

中国建设银行客户专用回单

币别：人民币　　2023 年 12 月 04 日　　流水号 320320027J0500810004

付款人	全称	徐州新味食品有限责任公司	收款人	全称	徐州市红十字基金会
	账号	41244315423047		账号	62988596558068
	开户行	中国建设银行徐州市鼓楼区支行		开户行	中国建设银行徐州市鼓楼区支行

金额	（大写）人民币伍拾贰万元整	（小写）¥520000.00
凭证种类	网银	凭证号码
结算方式	转账	用途　支付公益捐款

打印柜员：320325584257
打印机构：中国建设银行徐州市鼓楼区支行
打印卡号：41244315423047

（中国建设银行徐州市鼓楼区支行 电子回单专用章）

打印时间：2023-12-04　　交易柜员：320325584268　　交易机构：320310566

[业务 10]　2023 年 12 月 5 日，取得原始凭证 2 张。

背景单据 10-1

经理办公会议纪要

根据无锡市中级人民法院关于无锡蓝绿百货有限公司破产终结公告，应收无锡蓝绿百货有限公司的应收账款 55890.00 元（人民币伍万伍仟捌佰玖拾元整），已无法收回。

参加人员：

　　林逸方　　　何美美　　　叶启尔　　　梁哲远

2023-12-05

背景单据 10-2

无锡市中级人民法院破产终结公告

本院根据债务人无锡蓝绿百货有限公司的申请，已于2023年08月07日依法宣告上述单位破产还债。经破产清算组清算，无锡蓝绿百货有限公司的破产财产在优先拨付破产费用和职工安置费用后，已无资金清偿二、三顺序破产债权，其他债权人的清偿率为零。现破产财产已分配完毕，本院根据清算组的申请，已于2023年11月27日依法裁定终结本案的破产还债程序，未得到清偿的债权不再清偿。

特此公告。

无锡市中级人民法院
2023-11-27

[业务11] 2023年12月5日，取得原始凭证5张。

背景单据 11-1

电子发票（增值税专用发票）

发票号码：23322000000000033396
开票日期：2023年12月05日

购买方信息	名称：苏州湘桥日化有限公司 统一社会信用代码/纳税人识别号：913205089024464892	销售方信息	名称：徐州新味食品有限责任公司 统一社会信用代码/纳税人识别号：913203024832753036

项目名称	规格型号	单位	数量	单价	金额	税率/征收率	税额
*焙烤食品*牛轧糖夹心苏打饼干		盒	10000	30.00	300000.00	13%	39000.00
*焙烤食品*丹麦曲奇饼干		盒	10000	55.00	550000.00	13%	71500.00
合计					¥850000.00		¥110500.00

价税合计（大写）：玖拾陆万零伍佰元整　　（小写）¥960500.00

备注：

开票人：林水绣

背景单据 11-2

销售单

购货单位：苏州湘桥日化有限公司　　地址和电话：江苏省苏州市姑苏区石铁路41号0512-35908071　　单据编号：XS4554
纳税识别号：913205089024464892　　开户行及账号：中国建设银行苏州市姑苏区支行41594368617552　　制单日期：2023-12-05

编码	产品名称	规格	单位	单价	数量	金额	备注
301	牛轧糖夹心苏打饼干		盒	33.90	10000	339000.00	
302	丹麦曲奇饼干		盒	52.15	10000	621500.00	
合计	人民币(大写)：玖拾陆万零伍佰元整				—	¥960500.00	

销售经理：何美美　　经手人：潘维娜　　会计：梁哲远　　签收人：张天

背景单据 11-3

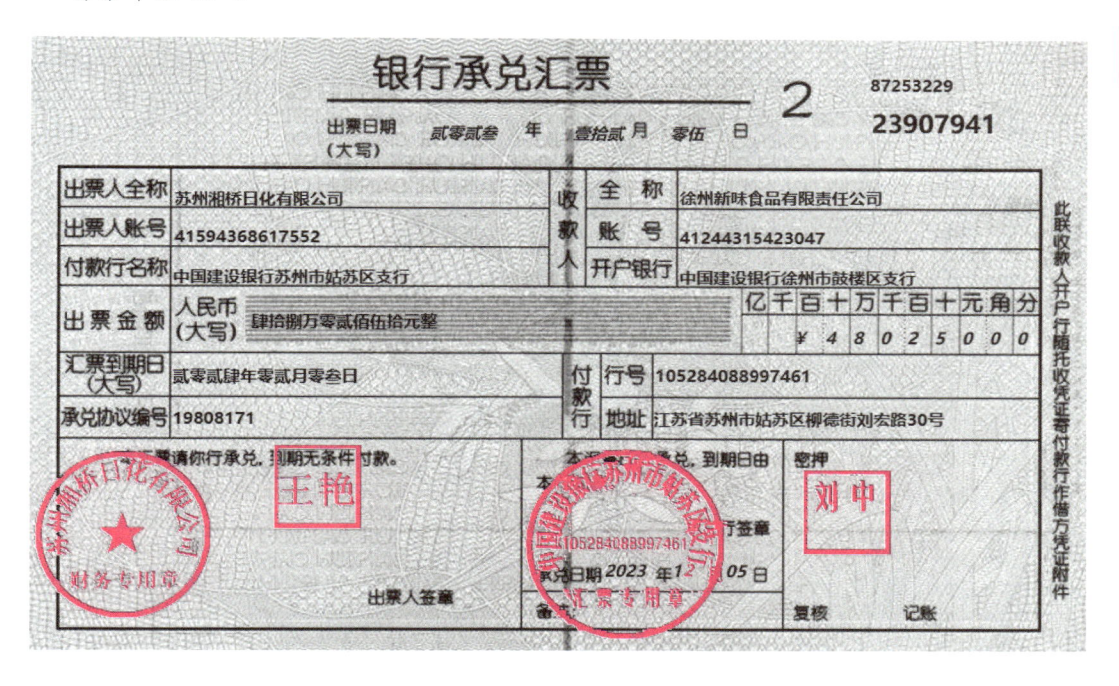

银行承兑汇票

2　87253229　23907941

出票日期（大写）：贰零贰叁 年 壹拾贰 月 零伍 日

出票人全称	苏州湘桥日化有限公司	收款人	全称	徐州新味食品有限责任公司
出票人账号	41594368617552		账号	41244315423047
付款行名称	中国建设银行苏州市姑苏区支行		开户银行	中国建设银行徐州市鼓楼区支行
出票金额	人民币(大写)：肆拾捌万零贰佰伍拾元整			￥48025000 （亿千百十万千百十元角分）
汇票到期日（大写）	贰零贰肆年零贰月零叁日	付款行	行号	105284088997461
承兑协议编号	19808171		地址	江苏省苏州市姑苏区柳德街刘宏路30号

出票人签章：王艳　　承兑日期：2023年12月05日　　密押：刘中

背景单据 11-4

购销合同

购方：苏州湘桥日化有限公司　　　合同编号：202334
销方：徐州新味食品有限责任公司　　签订地点：徐州市

供、需双方本着互利互惠、长期合作的原则，根据《中华人民共和国民法典》及双方的实际情况，就需方向供方采购事宜，订立本合同，以使双方在合同履行中共同遵守。

一、产品名称、数量、单价、金额：

产品名称	规格型号	计量单位	数量	单价	金额	备注
牛轧糖夹心苏打饼干		盒	10000	33.90	339000.00	含税金额
丹麦曲奇饼干		盒	10000	62.15	621500.00	
合计					¥960500.00	

合计人民币（大写）：玖拾陆万零伍佰元整

二、质量要求、技术标准、供方对质量负责的条件和期限：按合同企业标准。

三、（1）交（提）货地点、方式：江苏省徐州市鼓楼区宋力街张丽路91号。

　　（2）交货日期：2023-12-05。

四、付款时间与付款方式：

　　（略）

五、运输方式及到站、港和费用负担：销售方承担。

六、合理损耗及计算方法：以实际数量验收。

七、包装标准、包装物的供应与回收：普通包装，不回收包装物。

八、验收标准、方法及提出异议期限：

　　货到需方7天内提出质量异议，不包括运输过程中造成的质量问题。自收到货物的60天内可以提出退货，运费由购货方承担。

九、违约责任：按《中华人民共和国民法典》。

十、解决合同纠纷的方式：双方协商解决。

十一、其他约定事项：

　　本合同一式两份，供、需双方各一份，经双方盖章后即生效。

本合同产品不含税金额850000.00元，税率13%，税额110500.00元，并开具增值税专用发票。

购方（盖章）：苏州湘桥日化有限公司　　　　销方（盖章）：徐州新味食品有限责任公司
单位地址：江苏省苏州市姑苏区石铁路41号　　单位地址：江苏省徐州市鼓楼区宋力街张丽路91号
电　话：0512-31962071　　　　　　　　　　电　话：0516-88184720
签订日期：2023-11-01　　　　　　　　　　　签订日期：2023-11-01
开户银行：中国建设银行苏州市姑苏区支行　　开户银行：中国建设银行徐州市鼓楼区支行
账　号：41594368617552　　　　　　　　　　账　号：41244315423047

背景单据11-5

经理办公会议纪要

企业根据销售及退货情况分析，确定牛轧糖夹心苏打饼干退货率为6%、丹麦曲奇饼干退货率为6%。

林逸方　　叶启尔　　何美美

2023-12-05

[业务12]　2023年12月5日，取得原始凭证1张。

背景单据12

电子发票（增值税专用发票）

发票号码：23322000000000080610
开票日期：2023年12月05日

购买方信息	名称：徐州新味食品有限责任公司 统一社会信用代码/纳税人识别号：913203024832753036
销售方信息	名称：徐州新味食品有限责任公司 统一社会信用代码/纳税人识别号：913203024832753036

项目名称	规格型号	单位	数量	单价	金额	税率/征收率	税额
*焙烤食品*牛轧糖夹心苏打饼干		盒	900	30.00	27000.00	13%	3510.00
合计					￥27000.00		￥3510.00

价税合计（大写）　⊗　叁万零伍佰壹拾元整　　　（小写）￥30510.00

备注：用途：发放福利

开票人：林水绣

[业务 13] 2023 年 12 月 6 日，取得原始凭证 3 张。

背景单据 13-1

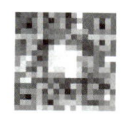

电子发票（增值税专用发票）

发票号码：23322000000000048109
开票日期：2023年12月06日

购买方信息	名称：徐州新味食品有限责任公司 统一社会信用代码/纳税人识别号：913203024832753036
销售方信息	名称：宿迁圣盈机械制造有限责任公司 统一社会信用代码/纳税人识别号：913213020825294746

项目名称	规格型号	单位	数量	单价	金额	税率/征收率	税额
*生产设备*饼干混合机		台	5	23500.00	117500.00	13%	15275.00
合计					¥117500.00		¥15275.00

价税合计（大写）：壹拾叁万贰仟柒佰柒拾伍元整　（小写）¥132775.00

开票人：马肖

背景单据 13-2

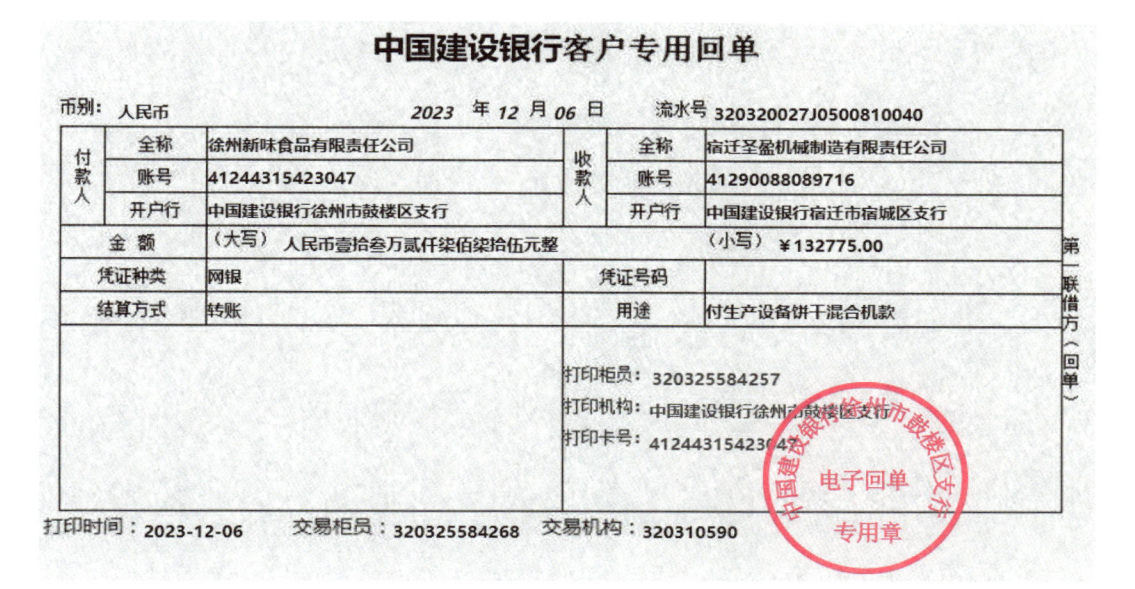

中国建设银行客户专用回单

币别：人民币　　2023 年 12 月 06 日　　流水号 320320027J0500810040

付款人	全称	徐州新味食品有限责任公司	收款人	全称	宿迁圣盈机械制造有限责任公司
	账号	41244315423047		账号	41290088089716
	开户行	中国建设银行徐州市鼓楼区支行		开户行	中国建设银行宿迁市宿城区支行
金额	（大写）人民币壹拾叁万贰仟柒佰柒拾伍元整		（小写）¥132775.00		
凭证种类	网银		凭证号码		
结算方式	转账		用途	付生产设备饼干混合机款	

打印柜员：320325584257
打印机构：中国建设银行徐州市鼓楼区支行
打印卡号：41244315423047

打印时间：2023-12-06　　交易柜员：320325584268　　交易机构：320310590

背景单据13-3

新增固定资产登记表
2023 年 12 月 06 日

资产名称	种类	单位	数量	购入日期	投入使用日期	使用部门
饼干混合机	生产设备	台	5	2023-12-06	2023-12-06	生产车间

制表人：梁哲远　　　　　　　　复核人：叶启尔

[业务14]　2023年12月6日，取得原始凭证3张。

背景单据14-1

电子发票（增值税专用发票）

发票号码：23112000000000055743
开票日期：2023年12月06日

购买方信息	名称：徐州新味食品有限责任公司 统一社会信用代码/纳税人识别号：913203024832753036	销售方信息	名称：北京梁树证券服务股份有限公司 统一社会信用代码/纳税人识别号：911101013113024925

项目名称	规格型号	单位	数量	单价	金额	税率/征收率	税额
*金融服务*直接收费金融服务		次	1	192.45	192.45	6%	11.55
合计					¥192.45		¥11.55

价税合计（大写）　㊀　贰佰零肆元整　　　　（小写）¥204.00

备注：

开票人：王峻

背景单据 14-2

交 割 单

营业部名：北京宋树证券服务股份有限公司
股东姓名：徐州鲜味食品有限责任公司
资金账户：6219085426 2085
当前币种：人民币

成交日期	操作	证券代码	证券名称	成交数量	面值	成交单价	成交金额	手续费	其他费用	结算金额	账户	交易市场
2023-12-05	买入	947978	李军债	50000	100	108.4250172	5421250.86	204.00		5421454.86	6219085426 2085	上海

背景单据 14-3

经理办公会议纪要

企业以不高于每张108.43元的价格购入李军债发行在外的50000张债券，分类为以公允价值计量且其变动计入其他综合收益的金融资产。该债券于2023年12月05日发行，5年期，分期付息到期一次还本，按年付息，付息日为每年12月05日。

参加人员：

　　林逸方　　叶启尔　　何美美　　张政康

2023-12-05

[业务 15]　2023 年 12 月 7 日，取得原始凭证 3 张。

背景单据 15-1

电子发票（增值税专用发票）

发票号码：23322000000000051011
开票日期：2023年12月07日

购买方信息
名称：徐州新味食品有限责任公司
统一社会信用代码/纳税人识别号：913203024832753036

销售方信息
名称：无锡太古科技有限公司
统一社会信用代码/纳税人识别号：913202021879733871

项目名称	规格型号	单位	数量	单价	金额	税率/征收率	税额
*无形资产*专利权Y		项	1	500000.00	500000.00	6%	30000.00
合计					￥500000.00		￥30000.00

价税合计(大写)　伍拾叁万元整　　（小写）￥530000.00

备注：

开票人：任青

背景单据 15-2

新增无形资产登记表

2023 年 12 月 07 日

资产名称	种类	单位	数量	购入日期	投入使用日期	使用部门
Y	专利权	项	1	2023-12-07	2023-12-07	办公室

制表人：梁哲远　　复核人：叶启尔

背景单据 15-3

中国建设银行客户专用回单

币别	人民币		2023 年 12 月 07 日	流水号	320320027J0500810019
付款人	全称	徐州新味食品有限责任公司	收款人	全称	无锡太古科技有限公司
	账号	41244315423047		账号	41185209696756
	开户行	中国建设银行徐州市鼓楼区支行		开户行	中国农业银行无锡市崇安区支行
金额	（大写）人民币伍拾叁万元整			（小写）¥530000.00	
凭证种类	网银		凭证号码		
结算方式	转账		用途	支付购买专利权Y款	
汇划日期：2023-12-07		汇划款项编号：78538224			
报文顺序号：00939643		汇出行行号：105310482913924		打印柜员：320325584257	
汇出行行名：中国建设银行徐州市鼓楼区支行				打印机构：中国建设银行徐州市鼓楼区支行	
业务类型：0060		原凭证金额：530000.00		打印卡号：41244315423047	
原凭证种类：0703		原凭证号码：			
附言：					
打印时间：2023-12-07		交易柜员：320325584268		交易机构：320310520	

（电子回单专用章）

[业务 16] 2023 年 12 月 7 日，取得原始凭证 4 张。

背景单据 16-1

中国建设银行
转账支票存根
10501823
00008817

附加信息 付款行账号：
41244315423047

出票日期 2023 年 12 月 07 日
收款人：徐州新味食品有限责任公司
金　额：¥212224.14
用　途：支付工资

单位主管　　　会计

背景单据 16-2

截至本月累计专项附加扣除信息表

日期：2023 年 12 月　　　　　　　　　　　　　　　　　　　　　　　　　单位：元

姓名	累计子女教育	累计住房贷款利息	累计住房租金	累计赡养老人	累计继续教育
陈一琳	12 000				
林逸方	12 000				
李智程					
叶启尔	12 000			12 000	
梁哲远					
林水绣					
张政康	12 000			24 000	
陈达益					
陈均					
何美美	12 000				
潘维娜					
叶映虹					
陈守军	12 000			12 000	
郑易一					
吴婷婷					
柯喜俊					
王玥月					
李辰陈					
王琳					
谢仪					
罗晶晶					
李柏					
王洁					
杨一成					
邱瑶姚					
王芝					
宋佳佳					
林飞铭					
简德					
林小川					
赵铭					
朱华					
关文					
余同光					
夏广					
白冰冰					
万彦					
陈锐					
江海燕					
徐远					
高袖					
王朗					
林玲					
夏君					
谢佰					
合计	72 000	0	0	48 000	0

制表：梁哲远　　　　　　　　　　　　　　　　　　　　　　　　　　　　审核：叶启尔

背景单据 16-3

工资薪金所得个人所得税税款计算表

日期：2023 年 12 月 7 日　　　　　　　　　　　　　　　　　　　　　　　　　单位：元

姓名	累计收入	累计减除费用	累计代扣三险一金合计	累计专项附加扣除合计	累计应纳税所得额	累计应扣缴税额	已缴税额	应补(退)税额
陈一琳	152 400	60 000	31 242.00	12 000	49 158	2 395.80	1 986.15	409.65
林逸方	138 600	60 000	28 413.00	12 000	38 187	1 298.70	1 050.14	248.56
李智程	72 000	60 000	14 760.00					
叶启尔	108 000	60 000	22 140.00	24 000	1 860	55.80	51.15	4.65
梁哲远	72 000	60 000	14 760.00					
林水绣	66 000	60 000	13 530.00					
张政康	108 000	60 000	22 140.00	36 000				
陈达益	75 600	60 000	15 498.00		102	3.06	2.81	0.25
陈均	75 600	60 000	15 498.00		102	3.06	2.81	0.25
何美美	120 000	60 000	24 600.00	12 000	23 400	702.00	643.50	58.50
潘维娜	81 600	60 000	16 728.00		4 872	146.16	133.98	12.18
叶映虹	81 600	60 000	16 728.00		4 872	146.16	133.98	12.18
陈守军	108 000	60 000	22 140.00	24 000	1 860	55.80	51.15	4.65
郑易一	76 200	60 000	15 621.00		579	17.37	15.92	1.45
吴婷婷	60 180	60 000	12 336.96					
柯喜俊	60 180	60 000	12 336.96					
王玥月	59 760	60 000	12 250.80					
李辰陈	59 760	60 000	12 250.80					
王琳	60 180	60 000	12 336.96					
谢仪	62 400	60 000	12 792.00					
罗晶晶	62 400	60 000	12 792.00					
李柏	59 760	60 000	12 250.80					
王洁	60 180	60 000	12 336.96					
杨一成	60 180	60 000	12 336.96					
邱瑶姚	62 400	60 000	12 792.00					
王芝	60 180	60 000	12 336.96					
宋佳佳	60 180	60 000	12 336.96					
林飞铭	62 400	60 000	12 792.00					
简德	59 760	60 000	12 250.80					
林小川	59 760	60 000	12 250.80					
赵铭	62 400	60 000	12 792.00					
朱华	59 760	60 000	12 250.80					
关文	59 760	60 000	12 250.80					
余同光	59 760	60 000	12 250.80					
夏广	62 400	60 000	12 792.00					
白冰冰	62 400	60 000	12 792.00					
万彦	60 180	60 000	12 336.96					
陈锐	62 400	60 000	12 792.00					
江海燕	60 180	60 000	12 336.96					
徐远	60 180	60 000	12 336.96					
高袖	60 180	60 000	12 336.96					
王朗	59 760	60 000	12 250.80					
林玲	59 760	60 000	12 250.80					
夏君	60 180	60 000	12 336.96					
谢佰	60 180	60 000	12 336.96					
合计						4 823.91	4 071.59	752.32

制表：梁哲远　　　　　　　　　　　　　　　　　　　　　　　　　　　　　　审核：叶启尔

背景单据16-4

工资发放明细表

日期：2023年12月7日　　　　　　　　　　　　　　　　　　　　　　　　单位：元

姓名	部门	岗位	应付工资	代扣医疗保险	代扣养老保险	代扣失业保险	代扣住房公积金	代扣个人所得税	实发工资
陈一琳	办公室	法定代表人	12 700.00	254.00	1 016.00	63.50	1 270.00	409.65	9 686.85
林逸方	办公室	总经理	11 550.00	231.00	924.00	57.75	1 155.00	248.56	8 933.69
李智程	办公室	仓管员	6 000.00	120.00	480.00	30.00	600.00	0.00	4 770.00
叶启尔	财务部	财务经理	9 000.00	180.00	720.00	45.00	900.00	4.65	7 150.35
梁哲远	财务部	会计	6 000.00	120.00	480.00	30.00	600.00	0.00	4 770.00
林水绣	财务部	出纳	5 500.00	110.00	440.00	27.50	550.00	0.00	4 372.50
张政康	采购部	采购经理	9 000.00	180.00	720.00	45.00	900.00	0.00	7 155.00
陈达益	采购部	采购员	6 300.00	126.00	504.00	31.50	630.00	0.25	5 008.25
陈均	采购部	采购员	6 300.00	126.00	504.00	31.50	630.00	0.25	5 008.25
何美美	专设销售机构	销售经理	10 000.00	200.00	800.00	50.00	1 000.00	58.50	7 891.50
潘维娜	专设销售机构	销售员	6 800.00	136.00	544.00	34.00	680.00	12.18	5 393.82
叶映虹	专设销售机构	销售员	6 800.00	136.00	544.00	34.00	680.00	12.18	5 393.82
陈守军	生产车间	生产车间主任	9 000.00	180.00	720.00	45.00	900.00	4.65	7 150.35
郑易一	生产车间	车间核算员	6 350.00	127.00	508.00	31.75	635.00	1.45	5 046.80
吴婷婷	生产车间	车间工人	5 015.00	100.30	401.20	25.08	501.50	0.00	3 986.92
柯喜俊	生产车间	车间工人	5 015.00	100.30	401.20	25.08	501.50	0.00	3 986.92
王玥月	生产车间	车间工人	4 980.00	99.60	398.40	24.90	498.00	0.00	3 959.10
李辰陈	生产车间	车间工人	4 980.00	99.60	398.40	24.90	498.00	0.00	3 959.10
王琳	生产车间	车间工人	5 015.00	100.30	401.20	25.08	501.50	0.00	3 986.92
谢仪	生产车间	车间工人	5 200.00	104.00	416.00	26.00	520.00	0.00	4 134.00
罗晶晶	生产车间	车间工人	5 200.00	104.00	416.00	26.00	520.00	0.00	4 134.00
李柏	生产车间	车间工人	4 980.00	99.60	398.40	24.90	498.00	0.00	3 959.10
王洁	生产车间	车间工人	5 015.00	100.30	401.20	25.08	501.50	0.00	3 986.92
杨一成	生产车间	车间工人	5 015.00	100.30	401.20	25.08	501.50	0.00	3 986.92
邱瑶姚	生产车间	车间工人	5 200.00	104.00	416.00	26.00	520.00	0.00	4 134.00
王芝	生产车间	车间工人	5 015.00	100.30	401.20	25.08	501.50	0.00	3 986.92
宋佳佳	生产车间	车间工人	5 015.00	100.30	401.20	25.08	501.50	0.00	3 986.92
林飞铭	生产车间	车间工人	5 200.00	104.00	416.00	26.00	520.00	0.00	4 134.00
简德	生产车间	车间工人	4 980.00	99.60	398.40	24.90	498.00	0.00	3 959.10
林小川	生产车间	车间工人	4 980.00	99.60	398.40	24.90	498.00	0.00	3 959.10
赵铭	生产车间	车间工人	5 200.00	104.00	416.00	26.00	520.00	0.00	4 134.00
朱华	生产车间	车间工人	4 980.00	99.60	398.40	24.90	498.00	0.00	3 959.10
关文	生产车间	车间工人	4 980.00	99.60	398.40	24.90	498.00	0.00	3 959.10
余同光	生产车间	车间工人	4 980.00	99.60	398.40	24.90	498.00	0.00	3 959.10
夏广	生产车间	车间工人	5 200.00	104.00	416.00	26.00	520.00	0.00	4 134.00
白冰冰	生产车间	车间工人	5 200.00	104.00	416.00	26.00	520.00	0.00	4 134.00
万彦	生产车间	车间工人	5 015.00	100.30	401.20	25.08	501.50	0.00	3 986.92
陈锐	生产车间	车间工人	5 200.00	104.00	416.00	26.00	520.00	0.00	4 134.00
江海燕	生产车间	车间工人	5 015.00	100.30	401.20	25.08	501.50	0.00	3 986.92
徐远	生产车间	车间工人	5 015.00	100.30	401.20	25.08	501.50	0.00	3 986.92
高袖	生产车间	车间工人	5 015.00	100.30	401.20	25.08	501.50	0.00	3 986.92
王朗	生产车间	车间工人	4 980.00	99.60	398.40	24.90	498.00	0.00	3 959.10
林玲	生产车间	车间工人	4 980.00	99.60	398.40	24.90	498.00	0.00	3 959.10
夏君	生产车间	车间工人	5 015.00	100.30	401.20	25.08	501.50	0.00	3 986.92
谢佰	生产车间	车间工人	5 015.00	100.30	401.20	25.08	501.50	0.00	3 986.92
合计			267 895.00	5 357.90	21 431.60	1 339.54	26 789.50	752.32	212 224.14

制表：梁哲远　　　　　　　　　　　　　　　　　　　　　　　　　　　审核：叶启尔

[业务17] 2023年12月7日,取得原始凭证6张。

背景单据17-1

收料单

供应单位:苏州乔迈食品有限公司　　　　　2023年12月07日　　　　　　　编号 SL7103

材料编号	名称	单位	规格	数量 应收	数量 实收	实际成本 单价	实际成本 发票价格	实际成本 运杂费	实际成本 总价
101	黄油	千克		5280	5280				
109	无盐黄油	千克		31980	31980				
112	食盐	千克		1230	1230				
108	鸡蛋	千克		12300	12300				

备注:

收料人:李智程　　　　　　　　　　　　　　交料人:安娜

背景单据17-2

电子发票(增值税专用发票)

发票号码:23112000000000055046
开票日期:2023年12月07日

购买方信息	名称:徐州新味食品有限责任公司 统一社会信用代码/纳税人识别号:913203024832753036		销售方信息	名称:苏州乔迈食品有限公司 统一社会信用代码/纳税人识别号:911101015466372138	

项目名称	规格型号	单位	数量	单价	金额	税率/征收率	税额
*油料*黄油		千克	5280	54.65	288552.00	13%	37511.76
*油料*无盐黄油		千克	31980	65.00	2078700.00	13%	270231.00
*加工盐*食盐		千克	1230	2.00	2460.00	13%	319.80
*其他食品*鸡蛋		千克	12300	19.00	233700.00	13%	30381.00
合计					¥2603412.00		¥338443.56

价税合计(大写)	⊗ 贰佰玖拾肆万壹仟捌佰伍拾伍元伍角陆分	(小写) ¥2941855.56

备注:

开票人:张君维

背景单据 17-3

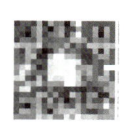

货物运输服务

电子发票（增值税专用发票）

发票号码：23322000000000074860
开票日期：2023年12月07日

国家税务总局
江苏省税务局

购买方信息	名称：徐州新味食品有限责任公司 统一社会信用代码/纳税人识别号：913203024832753036
销售方信息	名称：苏州海宇物流运输有限责任公司 统一社会信用代码/纳税人识别号：913205056115198687

项目名称	单位	数量	单价	金额	税率/征收率	税额
*运输服务*运输费	次	1	1100.00	1100.00	9%	99.00
合计				￥1100.00		￥99.00

运输工具种类	运输工具牌号	起运地	到达地	运输货物名称
公路运输	苏855512	苏州市相城区	徐州市鼓楼区	黄油、无盐黄油、食盐、鸡蛋

价税合计（大写） 壹仟壹佰玖拾玖元整 （小写）￥1199.00

备注：

开票人：吴梅娟

背景单据 17-4

中国建设银行客户专用回单

币别：人民币   2023年12月07日   流水号：320320027J0500810075

付款人	全称	徐州新味食品有限责任公司	收款人	全称	苏州海宇物流运输有限责任公司
	账号	41244315423047		账号	41319524854140
	开户行	中国建设银行徐州市鼓楼区支行		开户行	中国建设银行苏州市虎丘区支行

金额 （大写）人民币壹仟壹佰玖拾玖元整   （小写）￥1199.00

凭证种类：网银   凭证号码：
结算方式：转账   用途：运费

打印柜员：320325584257
打印机构：中国建设银行徐州市鼓楼区支行
打印卡号：41244315423047

打印时间：2023-12-07   交易柜员：320325584257   交易机构：320310588

背景单据 17-5

银行承兑汇票（存根）

3　　18652230
　　　80880912

出票日期（大写）：贰零贰叁 年 壹拾贰 月 零柒 日

出票人全称	徐州新味食品有限责任公司	
出票人账号	41244315423047	
付款行名称	中国建设银行徐州市鼓楼区支行	
收款人全称	苏州乔迈食品有限公司	
收款人账号	41420358884381	
开户银行	中国建设银行苏州市相城区支行	

出票金额 人民币（大写）：贰佰玖拾肆万壹仟捌佰伍拾伍元伍角陆分　￥294185.56

汇票到期日（大写）：贰零贰肆年陆月零柒日

承兑协议编号：58380814

付款行号：中国建设银行徐州市鼓楼区支行
付款行地址：江苏省徐州市鼓楼区张利街李波路90号

背景单据 17-6

采购费用分配表

2023-12-07　　　　　　　　　　　　　　　　　　　　　　　　　金额单位：元

材料名称	分配标准（千克）	分配率	分配金额
黄油	5280	0.0217	114.58
无盐黄油	31980	0.0217	693.97
食盐	1230	0.0217	26.69
鸡蛋	12300	0.0217	264.76
合计	50790		1100.00

制表：梁哲远　　　　　　　　　　　　　　　　　　　　　　审核：叶启尔

[业务 18] 2023 年 12 月 8 日，取得原始凭证 1 张。

背景单据 18

中国建设银行客户专用回单

转账日期：	2023 年 12 月 08 日
凭证字号：	20231208323203087
纳税人全称及纳税人识别号：	徐州新味食品有限责任公司913203024832753036
付款人全称：	徐州新味食品有限责任公司
付款人账号：	41244315423047
征收机关名称：	国家税务总局徐州市鼓楼区税务局
付款人开户银行：	中国建设银行徐州市鼓楼区支行
收缴国库（银行）名称：	国家金库徐州市鼓楼区支库
小写（合计）金额：	￥770974.25
缴款书交易流水号：	20231208323203176408
大写（合计）金额：	人民币 柒拾柒万零玖佰柒拾肆元贰角伍分
税票号码：	042023948587327762
税（费）种名称	所属时期	实缴金额
企业所得税	2023-11-01至2023-11-30	￥770974.25

（中国建设银行徐州市鼓楼区支行 电子回单专用章）

[业务 19] 2023 年 12 月 8 日，取得原始凭证 1 张。

背景单据 19

中国建设银行客户专用回单

转账日期：	2023 年 12 月 08 日
凭证字号：	20231208323203225
纳税人全称及纳税人识别号：	徐州新味食品有限责任公司913203024832753036
付款人全称：	徐州新味食品有限责任公司
付款人账号：	41244315423047
征收机关名称：	国家税务总局徐州市鼓楼区税务局
付款人开户银行：	中国建设银行徐州市鼓楼区支行
收缴国库（银行）名称：	国家金库徐州市鼓楼区支库
小写（合计）金额：	￥599.23
缴款书交易流水号：	20231208323203068 0481
大写（合计）金额：	人民币 伍佰玖拾玖元贰角叁分
税票号码：	042023103014510929
税（费）种名称	所属时期	实缴金额
个人所得税	2023-11-01至2023-11-30	￥599.23

（中国建设银行徐州市鼓楼区支行 电子回单专用章）

[业务 20] 2023 年 12 月 9 日，取得原始凭证 1 张。
背景单据 20

中国建设银行客户专用回单

转账日期：2023 年 12 月 09 日
凭证字号：2023120932320357

纳税人全称及纳税人识别号：	徐州新味食品有限责任公司 913203024832753036
付款人全称：	徐州新味食品有限责任公司
付款人账号：	41244315423047
付款人开户银行：	中国建设银行徐州市鼓楼区支行
小写（合计）金额：	¥93495.55
大写（合计）金额：	人民币 玖万叁仟肆佰玖拾伍元伍角伍分
征收机关名称：	国家税务总局徐州市鼓楼区税务局
收缴国库（银行）名称：	国家金库徐州市鼓楼区支库
缴款书交易流水号：	20231209323203208729
税票号码：	0420236764098688831

税（费）种名称	所属时期	实缴金额
基本养老保险	2023-11-01至2023-11-31	¥64294.80
基本失业保险	2023-11-01至2023-11-31	¥2679.08
基本医疗保险	2023-11-01至2023-11-31	¥25450.09
基本工伤保险	2023-11-01至2023-11-31	¥1071.58

（中国建设银行徐州市鼓楼区支行 电子回单 专用章）

[业务 21] 2023 年 12 月 9 日，取得原始凭证 1 张。
背景单据 21

中国建设银行客户专用回单

币别：人民币　　2023 年 12 月 09 日　　流水号：320320027J0500810040

付款人	全称	徐州新味食品有限责任公司	收款人	全称	徐州市住房公积金管理中心
	账号	41244315423047		账号	41333715789610
	开户行	中国建设银行徐州市鼓楼区支行		开户行	中国建设银行徐州市鼓楼区支行
金额	（大写）人民币伍万叁仟伍佰柒拾玖元整			（小写）¥53579.00	
凭证种类	其他凭证		凭证号码	501649285	
结算方式	转账		用途	WFP公积金:000095167:20231209	

打印柜员：320325584257
打印机构：中国建设银行徐州市鼓楼区支行
打印卡号：41244315423047

（中国建设银行徐州市鼓楼区支行 电子回单 专用章）

打印时间：2023-12-09　　交易柜员：320325584268　　交易机构：320310557

[业务 22] 2023年12月9日，取得原始凭证2张。

背景单据 22-1

电子发票（增值税专用发票）

发票号码：23322000000000040062
开票日期：2023年12月09日

购买方信息	名称：徐州米诺百货有限责任公司 统一社会信用代码/纳税人识别号：913203031990246316
销售方信息	名称：徐州新味食品有限责任公司 统一社会信用代码/纳税人识别号：913203024832753036

项目名称	规格型号	单位	数量	单价	金额	税率/征收率	税额
*经营租赁*设备租金		月	1	20000.00	20000.00	13%	2600.00
合计					¥20000.00		¥2600.00

价税合计（大写）：贰万贰仟陆佰元整　（小写）¥22600.00

备注：生产设备——包装机1台

开票人：林水绣

背景单据 22-2

中国建设银行客户专用回单

币别：人民币　2023年12月09日　流水号：320320027J0500810096

付款人	全称	徐州米诺百货有限责任公司	收款人	全称	徐州新味食品有限责任公司
	账号	41790154926783		账号	41244315423047
	开户行	中国建设银行徐州市云龙区支行		开户行	中国建设银行徐州市鼓楼区支行

金额：（大写）人民币贰万贰仟陆佰元整　（小写）¥22600.00

凭证种类：网银
凭证号码：
结算方式：转账
用途：租金

打印柜员：320325584257
打印机构：中国建设银行徐州市鼓楼区支行
打印卡号：41244315423047

打印时间：2023-12-09　交易柜员：320325584268　交易机构：320310576

[业务 23] 2023 年 12 月 10 日，取得原始凭证 3 张。

背景单据 23-1

固定资产处置申请单

2023 年 12 月 10 日

固定资产名称	办公楼	单位	平方米	取得日期	2021-08-01	数量	300
资产编号	G0001	停用时间	2023-12-10	投入使用时间	2021-08-01	使用部门	办公室
已提折旧月数	27	原值	1350000.00	累计折旧		145800.00	
有效使用年限	20	月折旧额	5400.00	净值		1204200.00	
处置原因：资产出租							
财务部门意见： 同意 叶启尔 2023 年 12 月 10 日				公司领导意见： 同意 林逸方 2023 年 12 月 10 日			
编制人：梁哲远				使用部门负责人：陈守军			

背景单据 23-2

房屋租赁合同

承租方：徐州卓安科技有限责任公司（以下简称甲方）
出租方：徐州新味食品有限责任公司（以下简称乙方）
未明确双方权利义务，经协商一致，订本合同：

第一条　房屋基本情况。
1. 乙方出租给甲方的房屋位于：江苏省徐州市鼓楼区宋力街张丽路91号
2. 出租房屋面积共 300 平方米（使用面积）。

第二条　租赁期限、用途
1. 该房租赁共 2 年，自 2023-12-10 起 2025-12-09 止。
2. 用途：管理用房

第三条　租金及支付方式
该房租每月租金为 50000 元（大写 人民币伍万元整 ）。

……

第十八条　本合同及附件一式两份，由甲、乙双方各执一份。具有同等法律效力。

甲方：徐州卓安科技有限责任公司　　乙方：徐州新味食品有限责任公司
签约代表：白永雷　　　　　　　　　　签约代表：林逸方
签约日期：2023-12-10　　　　　　　　签约日期：2023-12-10

背景单据23-3

新增投资性房地产登记表
2023 年 12 月 10 日

资产名称	种类	单位	数量	公允价值	取得日期	投入使用日期	使用部门
办公楼	房屋及建筑物	平方米	300	1197000	2021-08-01	2023-12-10	略

制表人：梁哲远　　　复核人：叶启尔

[业务24] 2023年12月10日，取得原始凭证2张。

背景单据24-1

电子发票（增值税专用发票）

不动产经营租赁服务

发票号码：23322000000000052719
开票日期：2023年12月10日

购买方信息：
名称：徐州卓安科技有限责任公司
统一社会信用代码/纳税人识别号：913203059658913191

销售方信息：
名称：徐州新味食品有限责任公司
统一社会信用代码/纳税人识别号：913203024832753036

项目名称	产权证书/不动产权证号	面积单位	数量	单价	金额	税率/征收率	税额
*经营租赁*不动产租金	徐国土房证第00301256号	月	1	50000.00	50000.00	9%	4500.00
合计					￥50000.00		￥4500.00

价税合计（大写）：伍万肆仟伍佰元整　　（小写）￥54500.00

备注：不动产地址：江苏省徐州市鼓楼区宋力街张丽路91号 租赁期起止：2023-12-10至2025-01-09 跨地（市）标志：否

开票人：林水绣

背景单据 24-2

中国建设银行客户专用回单

币别	人民币		2023 年 12 月 10 日		流水号	320320027J0500810039	
付款人	全称	徐州卓安科技有限责任公司		收款人	全称	徐州新味食品有限责任公司	
	账号	41648542373346			账号	41244315423047	
	开户行	中国建设银行徐州市贾汪区支行			开户行	中国建设银行徐州市鼓楼区支行	
金额	（大写）人民币伍万肆仟伍佰元整				（小写）¥54500.00		
凭证种类	网银			凭证号码			
结算方式	转账			用途	租金		

打印柜员：320325584257
打印机构：中国建设银行徐州市鼓楼区支行
打印卡号：41244315423047

打印时间：2023-12-10 交易柜员：320325584268 交易机构：320310518

[业务 25] 2023 年 12 月 11 日，取得原始凭证 2 张。

背景单据 25-1

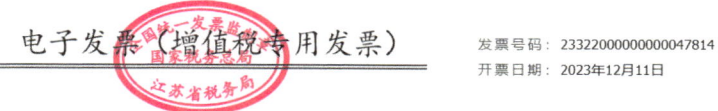

电子发票（增值税专用发票）

发票号码：23322000000000047814
开票日期：2023年12月11日

购买方信息	名称：徐州新味食品有限责任公司 统一社会信用代码/纳税人识别号：913203024832753036	销售方信息	名称：徐州云亦教育服务有限责任公司 统一社会信用代码/纳税人识别号：913203021479362813

项目名称	规格型号	单位	数量	单价	金额	税率/征收率	税额
*生活服务*非学历教育服务		次	1	5000.00	5000.00	6%	300.00
合计					¥5000.00		¥300.00
价税合计（大写）	伍仟叁佰元整				（小写）¥5300.00		
备注							

开票人：蔡新华

项目三　智能财税综合业务实训资料　101

背景单据25-2

中国建设银行客户专用回单

币别：人民币　　2023年12月11日　　流水号：320320027J0500810081

付款人	全称	徐州新味食品有责任公司	收款人	全称	徐州云亦教育服务有限任公司
	账号	41244315423047		账号	41989352195024
	开户行	中国建设银行徐州市鼓楼区支行		开户行	中国建设银行徐州市鼓楼区支行

金额：（大写）人民币伍仟叁佰元整　　（小写）￥5300.00

凭证种类：网银　　凭证号码：

结算方式：转账　　用途：支付员工培训费

打印柜员：320325584257
打印机构：中国建设银行徐州市鼓楼区支行
打印卡号：41244315423047

打印时间：2023-12-11　交易柜员：320325584268　交易机构：320310593

（中国建设银行徐州市鼓楼区支行 电子回单专用章）

[业务26]　2023年12月11日，取得原始凭证5张。

背景单据26-1

差旅费报销单

2023年12月11日　　附原始单据3张

姓名	张政康			工作部门	采购部			出差事由	洽谈公务		
日期		地点		车船费		深夜补贴	途中补贴	住勤费			旅馆费	公交费	金额合计
起	讫	起	讫	交通工具	时间	金额			地区	天数	补贴			
12-05	12-10	徐州市	上海市	动车		578.00				6	600.00	1325.00		2503.00

银行付讫

报销金额（大写）人民币　贰仟伍佰零叁元整　　合计（小写）￥2503.00

补付金额：　　退回金额：

领导批准　林逸方　　会计主管　叶启尔　　部门负责人　张政康　　审核　叶启尔　　报销人　张政康

背景单据 26-2

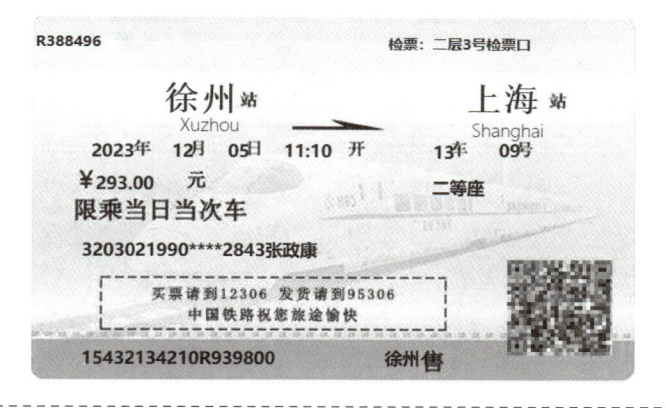

```
R388496                          检票：二层3号检票口

          徐州 站              ➔      上海 站
          Xuzhou                       Shanghai
          2023年 12月 05日 11:10 开    13车 09号
          ￥293.00 元                    二等座
          限乘当日当次车

          3203021990****2843张政康

              买票请到12306 发货请到95306
              中国铁路祝您旅途愉快

          15432134210R939800         徐州售
```

背景单据 26-3

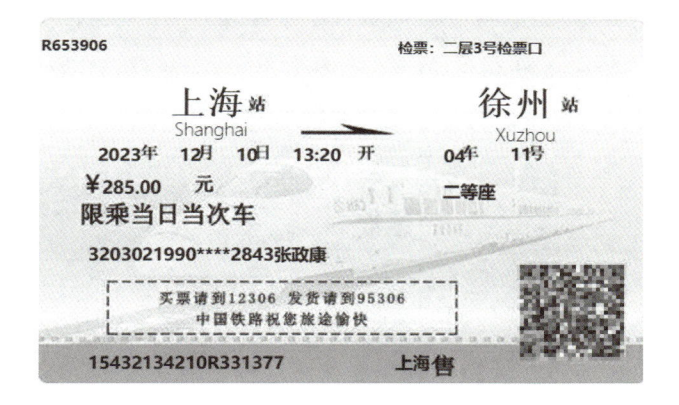

```
R653906                          检票：二层3号检票口

          上海 站              ➔      徐州 站
          Shanghai                     Xuzhou
          2023年 12月 10日 13:20 开    04车 11号
          ￥285.00 元                    二等座
          限乘当日当次车

          3203021990****2843张政康

              买票请到12306 发货请到95306
              中国铁路祝您旅途愉快

          15432134210R331377         上海售
```

背景单据 26-4

电子发票（增值税专用发票）

发票号码：23312000000000070359
开票日期：2023年12月11日

购买方信息	名称：徐州新味食品有限责任公司 统一社会信用代码/纳税人识别号：913203024832753036	销售方信息	名称：上海市秦康酒店有限责任公司 统一社会信用代码/纳税人识别号：913101018431001723

项目名称	规格型号	单位	数量	单价	金额	税率/征收率	税额
*住宿服务*住宿费		晚	5	250.00	1250.00	6%	75.00
合计					￥1250.00		￥75.00

价税合计（大写）　Ⓧ 壹仟叁佰贰拾伍元整　　　（小写）￥1325.00

备注：

开票人：张君维

背景单据26-5

中国建设银行客户专用回单

币别：人民币　　　2023年12月11日　　　流水号：320320027J0500810035

付款人	全称	徐州新味食品有限责任公司	收款人	全称	张政康
	账号	41244315423047		账号	49586122994702
	开户行	中国建设银行徐州市鼓楼区支行		开户行	中国建设银行徐州市鼓楼区支行

金额	（大写）人民币贰仟伍佰零叁元整	（小写）¥2503.00
凭证种类	网银	凭证号码
结算方式	转账	用途　出差报销款

打印柜员：320325584257
打印机构：中国建设银行徐州市鼓楼区支行
打印卡号：41244315423047

（中国建设银行徐州市鼓楼区支行电子回单专用章）

打印时间：2023-12-11　　交易柜员：320325584257　　交易机构：320310550

[业务27]　2023年12月12日，取得原始凭证2张。

背景单据27-1

电子发票（增值税专用发票）

发票号码：23322000000000038955
开票日期：2023年12月11日

购买方信息	名称：徐州新味食品有限责任公司	销售方信息	名称：徐州青年酒店有限责任公司
	统一社会信用代码/纳税人识别号：913203024832753036		统一社会信用代码/纳税人识别号：913203024458560084

项目名称	规格型号	单位	数量	单价	金额	税率/征收率	税额
*会议展览服务*会议费		次	1	15000.00	15000.00	6%	900.00
合计					¥15000.00		¥900.00

价税合计（大写）	壹万伍仟玖佰元整	（小写）¥15900.00
备注		

开票人：殷玉军

背景单据27-2

中国建设银行客户专用回单

币别：人民币　　　　2023 年 12 月 12 日　　流水号 320320027J0500810083

付款人	全称	徐州新味食品有限责任公司	收款人	全称	徐州青年酒店有限责任公司
	账号	41244315423047		账号	41638295270739
	开户行	中国建设银行徐州市鼓楼区支行		开户行	中国建设银行徐州市鼓楼区支行
金额	（大写）人民币壹万伍仟玖佰元整			（小写）¥15900.00	
凭证种类	网银		凭证号码		
结算方式	转账		用途	支付董事会会议费	

打印柜员：320325584268
打印机构：中国建设银行徐州市鼓楼区支行
打印卡号：41244315423047

打印时间：2023-12-12　　交易柜员：320325584268　　交易机构：320310579

[业务28] 2023年12月12日，取得原始凭证1张。

背景单据28

固定资产处置申请单

2023 年 12 月 12 日

固定资产名称	饼干混合机	单位	台	取得日期	2021-08-01	数量	1
资产编号	G0003	停用时间	2023-12-12	投入使用时间	2021-08-01	使用部门	生产车间
已提折旧月数	27	原值	50000.00	累计折旧	10800.00		
有效使用年限	10	月折旧额	400.00	净值	39200.00		
处置原因：出售							

财务部门意见：同意　叶启尔　2023年12月12日

公司领导意见：同意　林逸方　2023年12月12日

编制人：梁哲远　　使用部门负责人：陈守军

[业务 29] 2023 年 12 月 13 日，取得原始凭证 4 张。

背景单据 29-1

电子发票（增值税专用发票）

发票号码：23322000000000052366
开票日期：2023年12月13日

购买方信息	名称：徐州新味食品有限责任公司 统一社会信用代码/纳税人识别号：913203024832753036
销售方信息	名称：徐州华为科技有限公司 统一社会信用代码/纳税人识别号：913203027071964844

项目名称	规格型号	单位	数量	单价	金额	税率/征收率	税额
*研发和技术服务*研发服务		项	1	450000.00	450000.00	6%	27000.00
合计					¥450000.00		¥27000.00

价税合计（大写）　肆拾柒万柒仟元整　　（小写）¥477000.00

开票人：刘新喜

背景单据 29-2

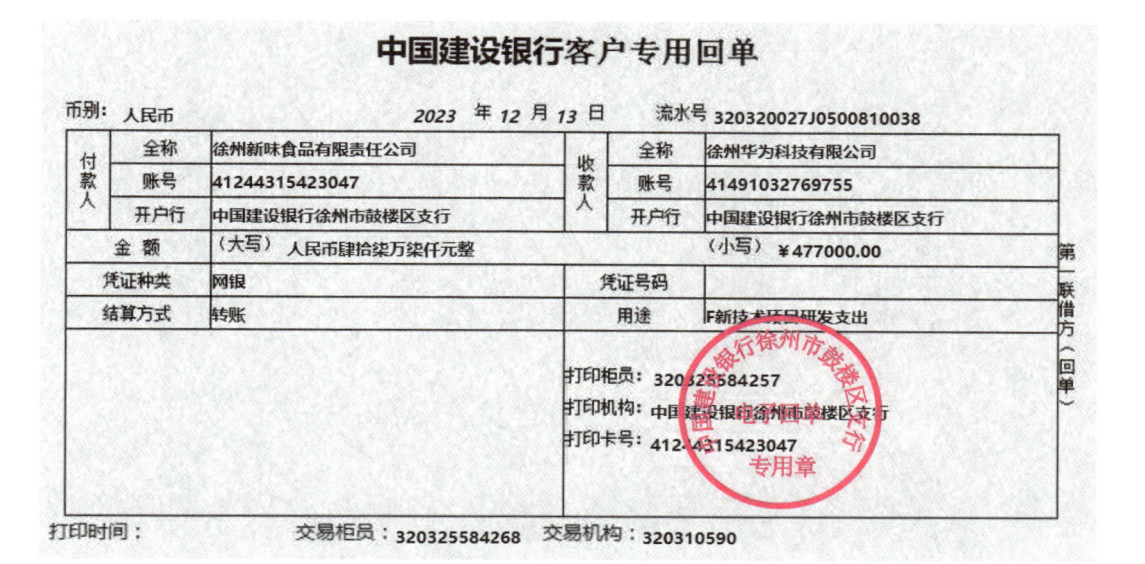

中国建设银行客户专用回单

币别：人民币　　2023 年 12 月 13 日　　流水号：320320027J0500810038

付款人	全称	徐州新味食品有限责任公司	收款人	全称	徐州华为科技有限公司
	账号	41244315423047		账号	41491032769755
	开户行	中国建设银行徐州市鼓楼区支行		开户行	中国建设银行徐州市鼓楼区支行

金额（大写）人民币肆拾柒万柒仟元整　（小写）¥477000.00

凭证种类：网银　　　凭证号码：
结算方式：转账　　　用途：F新技术项目研发支出

打印柜员：320325584257
打印机构：中国建设银行徐州市鼓楼区支行
打印卡号：41244315423047

打印时间：　　　交易柜员：320325584268　　交易机构：320310590

背景单据29-3

合作开发技术协议

徐州新味食品有限责任公司（本协议中乙方）与 徐州华为科技有限公司 （本协议中甲方）合作开发新技术，就有关项目形成如下意见：

第一条 甲方负责在现有的研究基础上开发新的技术，并能应用在企业新产品生产中。合同总金额为 977000 元，项目开发周期是1年。

第二条 根据合作开发进度支付款项。2023年12月13日 支付 477000.00 元。2024年06月15日 支付 500000.00 元。余款验收合格时一次支付。

第三条 未尽事宜双方协商解决。

甲方：（徐州华为科技有限公司 盖章）

负责人： 杜也

2023年12月08日

乙方：（徐州新味食品有限责任公司 盖章）

负责人： 林逸方

2023年12月08日

背景单据29-4

其他事项说明

F新技术项目研发支出符合资本化条件。

2023-12-13

[业务 30] 2023 年 12 月 13 日，取得原始凭证 4 张（运费款由供应商代垫）。

背景单据 30-1

收 料 单

供应单位：常州麦悦食品有限公司　　　　　2023 年 12 月 13 日　　　　　　编号 SL7104

材料编号	名称	单位	规格	数量应收	数量实收	单价	发票价格	运杂费	总价
111	细砂糖	千克		2460	2460				
103	棉花糖	千克		13200	13200				

备注：
收料人：李智程　　　　　　　　　　　　　交料人：王卫华

背景单据 30-2

电子发票（增值税专用发票）

发票号码：23322000000000032123
开票日期：2023年12月13日

购买方信息	名称：徐州新味食品有限责任公司　统一社会信用代码/纳税人识别号：913203024832753036
销售方信息	名称：常州麦悦食品有限公司　统一社会信用代码/纳税人识别号：913204029243624337

项目名称	规格型号	单位	数量	单价	金额	税率/征收率	税额
*食品用原料*细砂糖		千克	2460	8.00	19680.00	13%	2558.40
*糖果类食品*棉花糖		千克	13200	12.00	158400.00	13%	20592.00
合计					¥178080.00		¥23150.40

价税合计（大写）　贰拾万壹仟贰佰叁拾元肆角整　　　　（小写）¥201230.40

备注：

开票人：秦康

背景单据 30-3

货物运输服务

电子发票（增值税专用发票）

发票号码：23322000000000056663
开票日期：2023年12月13日

购买方信息	名称：徐州新味食品有限责任公司 统一社会信用代码/纳税人识别号：913203024832753036	销售方信息	名称：常州顺捷物流运输股份有限公司 统一社会信用代码/纳税人识别号：913204029616759386

项目名称	单位	数量	单价	金额	税率/征收率	税额
*运输服务*运输费	次	1	1000.00	1000.00	9%	90.00
合计				¥1000.00		¥90.00

运输工具种类	运输工具牌号	起运地	到达地	运输货物名称
运输工具	苏B13138	常州市天宁区	徐州市鼓楼区	细砂糖、棉花糖

价税合计（大写）：壹仟零玖拾元整　　（小写）¥1090.00

备注：

开票人：卢占良

背景单据 30-4

采购费用分配表

2023-12-13　　　　　　　　　　　　　　　　　　　　金额单位：元

材料名称	分配标准（千克）	分配率	分配金额
细砂糖	2460	0.0639	157.19
棉花糖	13200	0.0639	842.81
合计	15660		1000.00

制表：梁哲远　　　　　　　　　　　　　　　　　　　审核：叶启尔

项目三　智能财税综合业务实训资料　117

[业务31]　2023年12月13日,取得原始凭证3张。

背景单据31-1

电子发票（增值税专用发票）

发票号码：23231200000000056690
开票日期：2023年12月13日

购买方信息
名称：徐州新味食品有限责任公司
统一社会信用代码/纳税人识别号：913203024832753036

销售方信息
名称：苏州乔迈食品有限公司
统一社会信用代码/纳税人识别号：911101015466372138

项目名称	规格型号	单位	数量	单价	金额	税率/征收率	税额
*油料*鸡蛋		千克	-10	19.00	-190.00	13%	-24.70
合计					￥-190.00		￥-24.70

价税合计（大写）　（负数）贰佰壹拾肆元柒角整　（小写）￥-214.70

备注：被红冲蓝字全电发票号码：23112000000000055046红字发票信息确认单编号：35025222121000000000

开票人：李京书

背景单据31-2

领料单

领料部门：采购部门
用途：采购退货
2023年12月13日
编号 LL1128

材料编号	名称	规格	计量单位	请领数量	实发数量	备注
101	鸡蛋		千克	10	10	本月购入货物本月退货

领料人：陈达益　　发料人：李智程

第三联记账联

背景单据 31-3

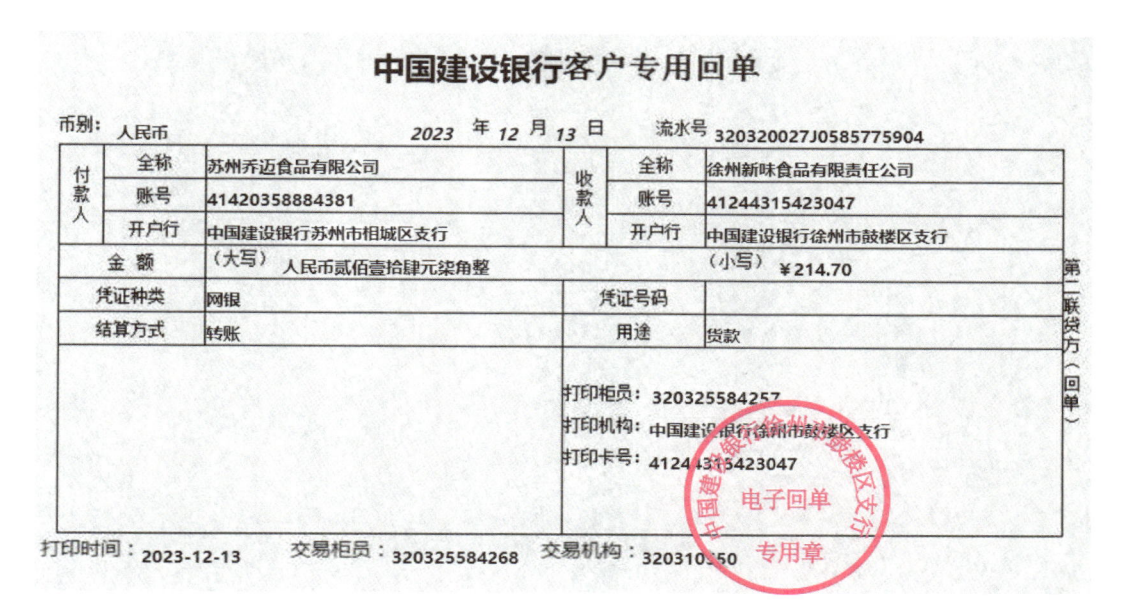

中国建设银行客户专用回单

币别：人民币　　2023 年 12 月 13 日　　流水号：320320027J0585775904

付款人	全称	苏州乔迈食品有限公司	收款人	全称	徐州新味食品有限责任公司
	账号	41420358884381		账号	41244315423047
	开户行	中国建设银行苏州市相城区支行		开户行	中国建设银行徐州市鼓楼区支行

金额	（大写）人民币贰佰壹拾肆元柒角整	（小写）¥214.70
凭证种类	网银	凭证号码
结算方式	转账	用途　货款

打印柜员：320325584257
打印机构：中国建设银行徐州市鼓楼区支行
打印卡号：41244315423047

打印时间：2023-12-13　交易柜员：320325584268　交易机构：320310950

[业务 32] 2023 年 12 月 14 日，取得原始凭证 1 张。

背景单据 32

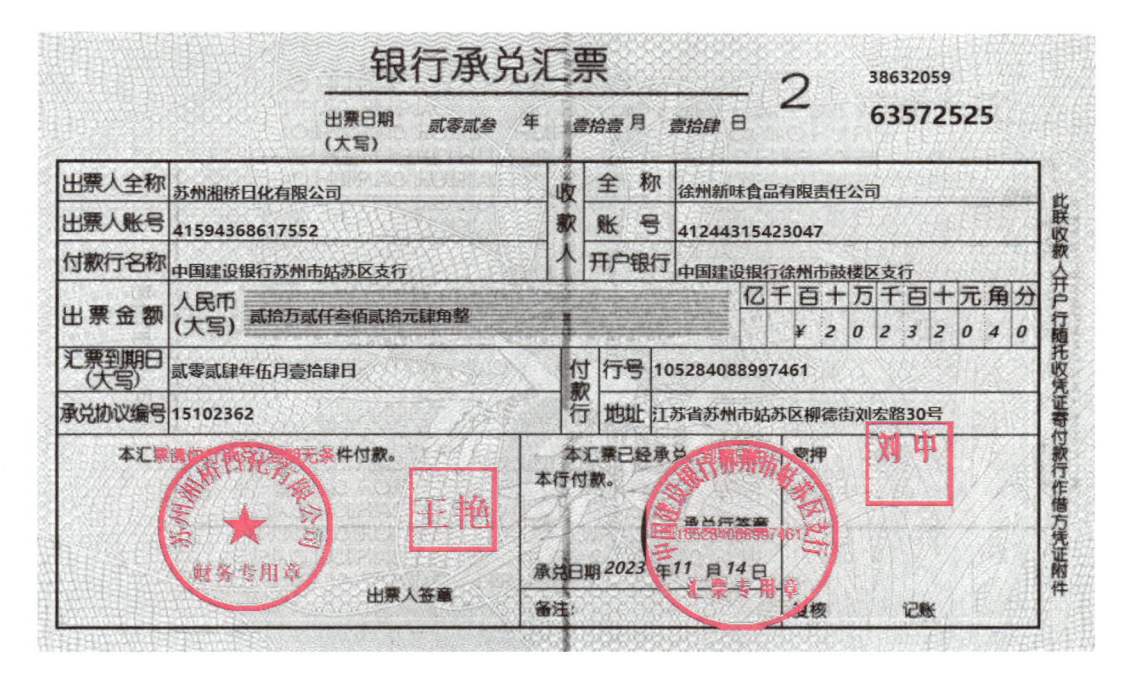

银行承兑汇票

No. 38632059 63572525

出票日期（大写）：贰零贰叁 年 壹拾壹 月 壹拾肆 日

出票人全称	苏州湘桥日化有限公司	收款人	全称	徐州新味食品有限责任公司
出票人账号	41594368617552		账号	41244315423047
付款行名称	中国建设银行苏州市姑苏区支行		开户银行	中国建设银行徐州市鼓楼区支行

出票金额（大写）：贰拾万贰仟叁佰贰拾元肆角整　¥202320.40

汇票到期日（大写）：贰零贰肆年伍月壹拾肆日

承兑协议编号：15102362

付款行号：105284088997461
付款行地址：江苏省苏州市姑苏区柳德街刘宏路30号

承兑日期：2023 年 11 月 14 日

被背书人	常州麦悦食品有限公司	被背书人		被背书人	
[常州麦悦食品有限公司财务专用章] [陈一琳]					（贴粘单处）
背书人签章 2023 年 12 月 14 日		背书人签章 年 月 日		背书人签章 年 月 日	

[业务33] 2023年12月14日，取得原始凭证2张。

背景单据33-1

电子发票（增值税专用发票）

发票号码：23322000000000035451
开票日期：2023年12月14日

购买方信息	名称：无锡维尽物资回收有限责任公司 统一社会信用代码/纳税人识别号：913202024527994562
销售方信息	名称：徐州新味食品有限责任公司 统一社会信用代码/纳税人识别号：913203024832753036

项目名称	规格型号	单位	数量	单价	金额	税率/征收率	税额
*设备制造*饼干混合机		台	1	42000.00	42000.00	13%	5460.00
合计					¥42000.00		¥5460.00

价税合计（大写）： 肆万柒仟肆佰陆拾元整　　（小写）￥47460.00

备注：

开票人：林水绣

背景单据33-2

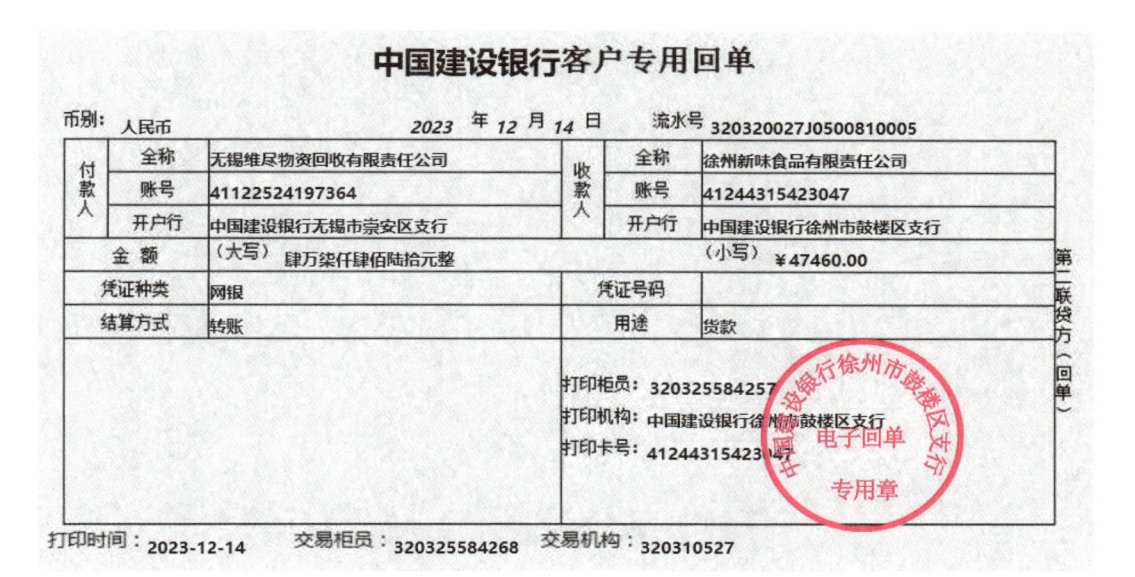

中国建设银行客户专用回单

币别：人民币　　2023年12月14日　　流水号：320320027J0500810005

付款人	全称	无锡维尽物资回收有限责任公司	收款人	全称	徐州新味食品有限责任公司
	账号	41122524197364		账号	41244315423047
	开户行	中国建设银行无锡市崇安区支行		开户行	中国建设银行徐州市鼓楼区支行

金额	（大写）肆万柒仟肆佰陆拾元整	（小写）￥47460.00
凭证种类	网银	凭证号码
结算方式	转账	用途　货款

打印柜员：320325584257
打印机构：中国建设银行徐州市鼓楼区支行
打印卡号：41244315423047

打印时间：2023-12-14　　交易柜员：320325584268　　交易机构：320310527

[业务 34] 2023 年 12 月 14 日,取得原始凭证 2 张。

背景单据 34-1

电子发票（增值税专用发票）

发票号码：23322000000000042281
开票日期：2023年12月14日

购买方信息	名称：徐州新味食品有限责任公司 统一社会信用代码/纳税人识别号：913203024832753036
销售方信息	名称：无锡伊萨装卸搬运有限责任公司 统一社会信用代码/纳税人识别号：913202148939645886

项目名称	规格型号	单位	数量	单价	金额	税率/征收率	税额
*物流辅助服务*装卸搬运服务		次	1	500.00	500.00	6%	30.00
合计					￥500.00		￥30.00

价税合计（大写）：伍佰叁拾元整　（小写）￥530.00

开票人：赵小平

背景单据 34-2

中国建设银行客户专用回单

币别：人民币　　2023 年 12 月 14 日　　流水号：320320027J0500810004

付款人	全称	徐州新味食品有限责任公司	收款人	全称	无锡伊萨装卸搬运有限责任公司
	账号	41244315423047		账号	41729416160101
	开户行	中国建设银行徐州市鼓楼区支行		开户行	中国建设银行无锡市新吴区支行

金额	（大写）人民币伍佰叁拾元整	（小写）￥530.00
凭证种类	网银	凭证号码
结算方式	转账	用途　装卸费

打印柜员：320325584257
打印机构：中国建设银行徐州市鼓楼区支行
打印卡号：41244315423047

打印时间：2023-12-14　　交易柜员：320325584268　　交易机构：320310575

[业务35] 2023年12月15日,取得原始凭证1张。
背景单据35

固定资产处置结果表

2023 年 12 月 15 日

固定资产名称	饼干混合机	原价	50000.00	已提折旧	11200.00
净值	38800.00	出售价格(不含税)	42000.00	清理费用	500.00
出售净损益	2700.00				

财务部意见： 叶启尔
净损益按《企业会计准则》规定处理。

公司领导意见 林逸方
同意

2023 年 12 月 15 日   2023 年 12 月 15 日

[业务36] 2023年12月15日,取得原始凭证3张。
背景单据36-1

电子发票（增值税专用发票）

发票号码：23322000000000090025
开票日期：2023年12月15日

购买方信息
名称：徐州新味食品有限责任公司
统一社会信用代码/纳税人识别号：913203024832753036

销售方信息
名称：南通麟峰维修服务有限责任公司
统一社会信用代码/纳税人识别号：913206029102185868

项目名称	规格型号	单位	数量	单价	金额	税率/征收率	税额
*劳务*维修费		次	1	8000.00	8000.00	13%	1040.00
合计					￥8000.00		￥1040.00

价税合计(大写) 玖仟零肆拾元整   (小写) ￥9040.00

备注：

开票人：贾俊峰

背景单据36-2

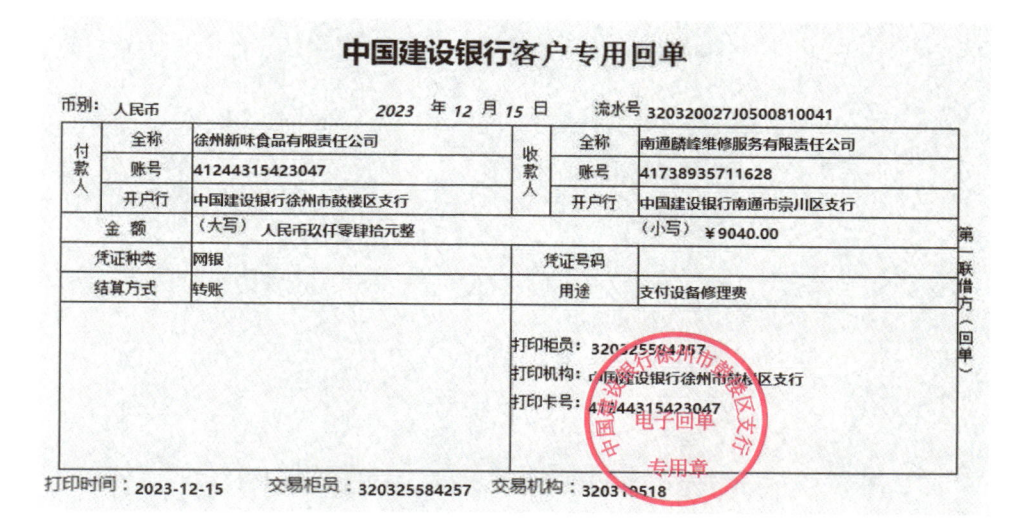

中国建设银行客户专用回单

币别：人民币　　　2023年12月15日　　　流水号：320320027J0500810041

付款人	全称	徐州新味食品有限责任公司	收款人	全称	南通麟峰维修服务有限责任公司
	账号	41244315423047		账号	41738935711628
	开户行	中国建设银行徐州市鼓楼区支行		开户行	中国建设银行南通市崇川区支行
金额	（大写）人民币玖仟零肆拾元整			（小写）¥9040.00	
凭证种类	网银		凭证号码		
结算方式	转账		用途	支付设备修理费	

打印柜员：320325584257
打印机构：中国建设银行徐州市鼓楼区支行
打印卡号：41244315423047

打印时间：2023-12-15　交易柜员：320325584257　交易机构：320319518

背景单据36-3

维修费用分配表

2023-12-15　　　单位：元

部门	金额
生产车间	8000.00

制表：梁哲远　　审核：叶启尔

[业务37] 2023年12月15日，取得原始凭证2张。

背景单据37-1

电子发票（增值税专用发票）

发票号码：23322000000000097544
开票日期：2023年12月15日

购买方信息	名称：徐州东瑞百货有限责任公司	销售方信息	名称：徐州新味食品有限责任公司
	统一社会信用代码/纳税人识别号：913203051005990016		统一社会信用代码/纳税人识别号：913203024832753036

项目名称	规格型号	单位	数量	单价	金额	税率/征收率	税额
*经营租赁*包装箱租金		只	500	10.00	5000.00	13%	650.00
合计					¥5000.00		¥650.00

价税合计（大写）：伍仟陆佰伍拾元整　　（小写）¥5650.00

备注：出租数量：500只

开票人：林水绣

背景单据 37-2

中国建设银行客户专用回单

币别：人民币　　2023 年 12 月 15 日　　流水号 320320027J0500810049

付款人	全称	徐州东瑞百货有限责任公司	收款人	全称	徐州新味食品有限责任公司
	账号	41893225804748		账号	41244315423047
	开户行	中国建设银行徐州市贾汪区支行		开户行	中国建设银行徐州市鼓楼区支行
金额	（大写）	人民币伍仟陆佰伍拾元整	（小写）	￥5650.00
凭证种类	网银		凭证号码	
结算方式	转账		用途	租金

打印柜员：320325584257
打印机构：中国建设银行徐州市鼓楼区支行
打印卡号：41244315423047

（中国建设银行徐州市鼓楼区支行 电子回单专用章）

打印时间：2023-12-15　　交易柜员：320325584257　　交易机构：320310503

[业务 38]　2023 年 12 月 16 日，取得原始凭证 3 张。

背景单据 38-1

交割单

营业部名：北京梁树证券服务股份有限公司
股东姓名：徐州新味食品有限责任公司
资金账户：6219085426285
当前币种：人民币

成交日期	操作	证券代码	证券名称	成交数量	成交均价	成交金额	手续费	印花税	其他费用	结算金额	账户	交易市场
2023-12-15	卖出	803725	秀莹股	5000	14	70000.00	14.00	70.00		69916.00	6219085426285	上海A股

背景单据 38-2

经理办公会议纪要

企业以不低于每股14元的价格出售持有的秀莹股5000股股票。

参加人员：

林逸方　　　叶启尔　　　何美美　　　张政康

2023-12-15

背景单据 38-3

电子发票（增值税专用发票）

发票号码：23112000000000073558
开票日期：2023年12月16日

购买方信息	名称：徐州新味食品有限责任公司 统一社会信用代码/纳税人识别号：913203024832753036	
销售方信息	名称：北京梁树证券服务股份有限公司 统一社会信用代码/纳税人识别号：911101013113024925	

项目名称	规格型号	单位	数量	单价	金额	税率/征收率	税额
*金融服务*直接收费金融服务		次	1	13.21	13.21	6%	0.79
合计					¥13.21		¥0.79

价税合计（大写）：壹拾肆元整　　（小写）¥14.00

备注：

开票人：陈军

[业务39] 2023年12月17日,取得原始凭证3张。

背景单据39-1

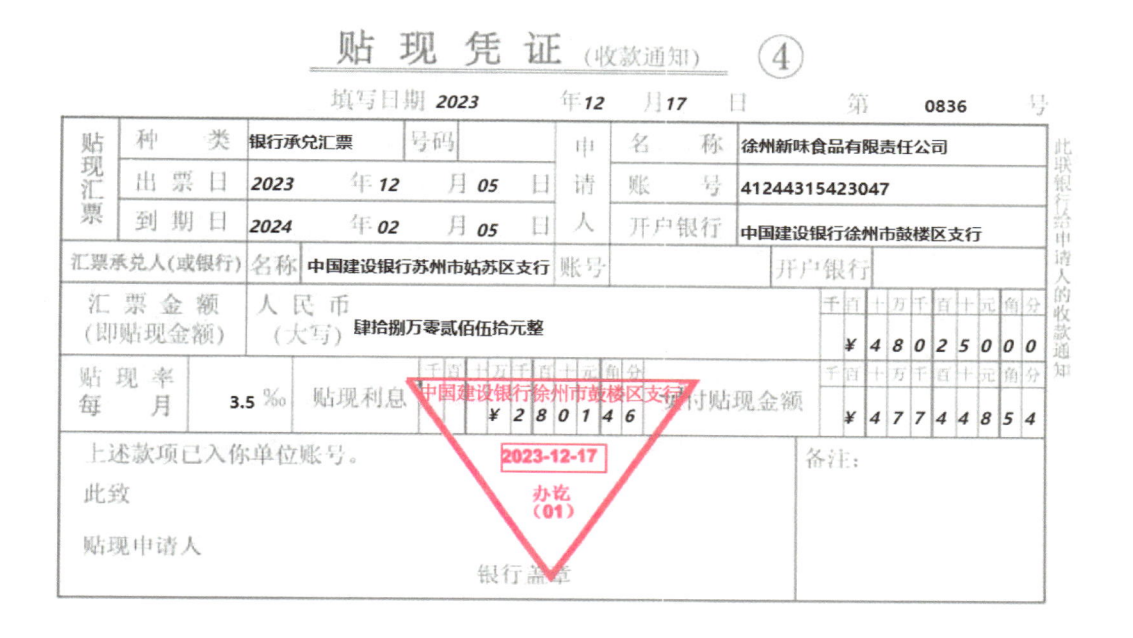

贴现凭证（收款通知） ④

填写日期 2023 年 12 月 17 日 第 0836 号

贴现汇票	种类	银行承兑汇票	号码		申请人	名称	徐州新味食品有限责任公司
	出票日	2023 年 12 月 05 日				账号	41244315423047
	到期日	2024 年 02 月 05 日				开户银行	中国建设银行徐州市鼓楼区支行
汇票承兑人（或银行）	名称	中国建设银行苏州市姑苏区支行		账号		开户银行	
汇票金额（即贴现金额）	人民币（大写）	肆拾捌万零贰佰伍拾元整					¥480250.00
贴现率 每月	3.5‰	贴现利息	¥2801.46		实付贴现金额		¥477448.54

上述款项已入你单位账号。
此致
贴现申请人

银行盖章：中国建设银行徐州市鼓楼区支行 2023-12-17 办讫(01)

背景单据39-2

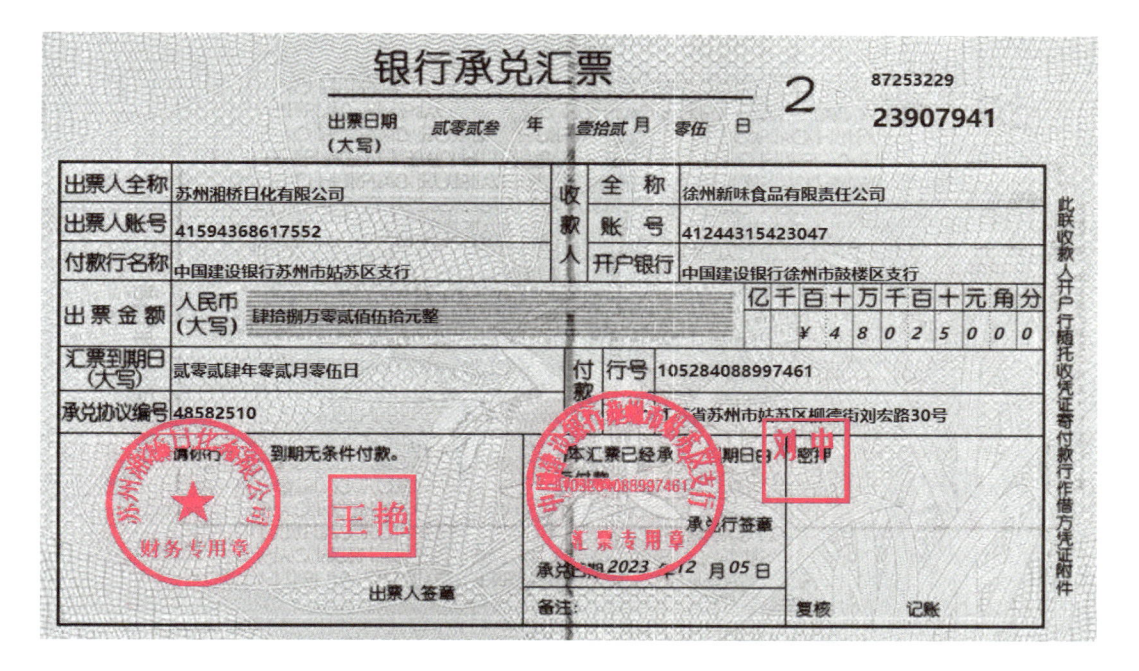

银行承兑汇票 ② 87253229 23907941

出票日期：贰零贰叁 年 壹拾贰 月 零伍 日

出票人全称	苏州湘桥日化有限公司	收款人	全称	徐州新味食品有限责任公司
出票人账号	41594368617552		账号	41244315423047
付款行名称	中国建设银行苏州市姑苏区支行		开户银行	中国建设银行徐州市鼓楼区支行
出票金额	人民币（大写）肆拾捌万零贰佰伍拾元整			¥480250.00
汇票到期日（大写）	贰零贰肆年零贰月零伍日	付款	行号	105284088997461
承兑协议编号	48582510			

请你行到期无条件付款。
出票人签章

本汇票已经承兑，到期日由我行付款。
承兑日期 2023 年 12 月 05 日
承兑行签章

被背书人	中国建设银行徐州市鼓楼区支行	被背书人		被背书人	
[财务专用章 徐州都味食品有限责任公司] [陈一琳] 背书人签章 2023 年 12 月 17 日		背书人签章 年 月 日		背书人签章 年 月 日	（贴粘单处）

背景单据39-3

电子发票（普通发票）

发票号码：23322000000000028206
开票日期：2023年12月17日

购买方信息	名称：徐州新味食品有限责任公司 统一社会信用代码/纳税人识别号：913203024832753036	销售方信息	名称：中国建设银行徐州市鼓楼区支行 统一社会信用代码/纳税人识别号：9132036617190872

项目名称	规格型号	单位	数量	单价	金额	税率/征收率	税额
*金融服务*票据贴现			1	2642.89	2642.89	6%	158.57
合计					¥2642.89		¥158.57

价税合计（大写）：贰仟捌佰零壹元肆角陆分　（小写）¥2801.46

备注：

开票人：刘新卫

[业务40] 2023年12月18日，取得原始凭证1张。

背景单据40

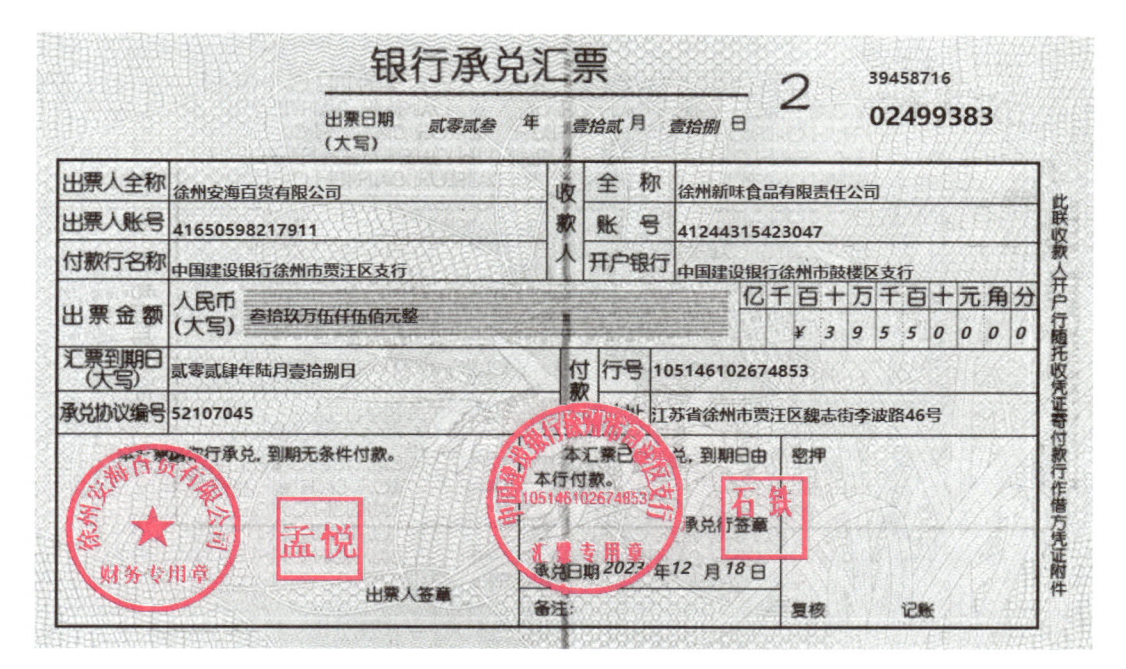

银行承兑汇票

票据号码：39458716 / 02499383

出票日期（大写）：贰零贰叁年壹拾贰月壹拾捌日

	出票人		收款人
全称	徐州安海百货有限公司	全称	徐州新味食品有限责任公司
账号	41650598217911	账号	41244315423047
付款行名称	中国建设银行徐州市贾汪区支行	开户银行	中国建设银行徐州市鼓楼区支行

出票金额：人民币（大写）叁拾玖万伍仟伍佰元整　¥39550000

汇票到期日（大写）：贰零贰肆年陆月壹拾捌日
付款行号：105146102674853
承兑协议编号：52107045
地址：江苏省徐州市贾汪区魏志街李波路46号

本汇票已承兑，到期日由本行付款。
承兑日期：2023年12月18日

出票人签章：徐州安海百货有限公司财务专用章　孟悦
承兑行签章：中国建设银行徐州市贾汪区支行汇票专用章　石锐

被背书人	被背书人	被背书人	（贴粘单处）
背书人签章 年　月　日	背书人签章 年　月　日	背书人签章 年　月　日	

[业务41] 2023年12月19日，取得原始凭证1张。

背景单据41

中国建设银行客户专用回单

转账日期：2023 年 12 月 19 日
凭证字号：202312193232039029

纳税人全称及纳税人识别号	徐州新味食品有限责任公司91320302483275303
付款人全称	徐州新味食品有限责任公司
付款人账号	41244315423047
付款人开户银行	中国建设银行徐州市鼓楼区支行
小写（合计）金额	￥489528.06
大写（合计）金额	人民币 肆拾捌万玖仟伍佰贰拾捌元零陆分
征收机关名称	国家税务总局徐州市鼓楼区税务局
收缴国库（银行）名称	国家金库徐州市鼓楼区支库
缴款书交易流水号	20231219323203203192
税票号码	0420236302998598884

税（费）种名称	所属时期	实缴金额
增值税	2023-11-01至2023-11-30	￥437078.63
城市维护建设税	2023-11-01至2023-11-30	￥30595.50
教育费附加	2023-11-01至2023-11-30	￥13112.76
地方教育附加	2023-11-01至2023-11-30	￥8741.57

（中国建设银行徐州市鼓楼区支行 电子回单 专用章）

[业务42] 2023年12月19日，取得原始凭证2张。

背景单据42-1

中华人民共和国
税收通用缴款书（税务收现专用）

NO.239766442935021

登记注册类型：有限责任公司　　填发日期2023 年 12 月 19 日　　税务机关：国家税务总局徐州市鼓楼区税务局

纳税人识别号	913203024832753036	纳税人名称	徐州新味食品有限责任公司					
税种	品目名称	课税数量	计税金额或收入	税率或单位税额	税款所属时期	已缴或扣除额	实缴金额
滞纳金	滞纳金		489528.06	0.05%	2023-11-01至2023-11-30		979.06

金额合计（大写）人民币 玖佰柒拾玖元零陆分　　￥979.06

税务机关盖章（国家税务总局徐州市鼓楼区税务局 征税专用章）　　代征单位盖章　　填票人　　备注

妥善保管。

背景单据 42-2

中国建设银行客户专用回单

币别：人民币　　2023 年 12 月 19 日　　流水号：320320027J0500810003

付款人	全称	徐州新味食品有限责任公司	收款人	全称	国家税务总局徐州市鼓楼区税务局
	账号	41244315423047		账号	15080232031645577861213
	开户行	中国建设银行徐州市鼓楼区支行		开户行	国家金库徐州市鼓楼区支库
金额	（大写）人民币玖佰柒拾玖元零陆分			（小写）¥979.06	
凭证种类	网银		凭证号码		
结算方式	转账		用途	税收滞纳金	

打印柜员：320325584257
打印机构：中国建设银行徐州市鼓楼区支行
打印卡号：41244315423047

打印时间：2023-12-19　　交易柜员：320325584268　　交易机构：320310583

[业务 43]　2023 年 12 月 26 日，取得原始凭证 4 张。

背景单据 43-1

电子发票（增值税专用发票）

发票号码：23322000000000056100
开票日期：2023年12月26日

购买方信息	名称：苏州湘桥日化有限公司 统一社会信用代码/纳税人识别号：913205089024464892	销售方信息	名称：徐州新味食品有限责任公司 统一社会信用代码/纳税人识别号：913203024832753036

项目名称	规格型号	单位	数量	单价	金额	税率/征收率	税额
*焙烤食品*牛轧糖夹心苏打饼干		盒	-2880	30.00	-86400.00	13%	-11232.00
*焙烤食品*丹麦曲奇饼干		盒	-2700	55.00	-148500.00	13%	-19305.00
合计					¥-234900.00		¥-30537.00

价税合计（大写）　（负数）贰拾陆万伍仟肆佰叁拾柒元整　　（小写）¥-265437.00

备注：被红冲蓝字全电发票号码：23322000000000029981 红字发票信息确认单编号：35025222121000000000

开票人：林水绣

背景单据43-2

中国建设银行客户专用回单

币别：人民币　　　　2023年12月26日　　　流水号 320320027J0500810059

付款人	全称	徐州新味食品有限责任公司	收款人	全称	苏州湘桥日化有限公司
	账号	41244315423047		账号	41594368617552
	开户行	中国建设银行徐州市鼓楼区支行		开户行	中国建设银行苏州市姑苏区支行
金额	（大写）人民币贰拾陆万伍仟肆佰叁拾柒元整			（小写）¥265437.00	
凭证种类	网银		凭证号码		
结算方式	网银		用途	退货款	

打印柜员：320325584257
打印机构：中国建设银行徐州市鼓楼区支行
打印卡号：41244315423047

打印时间：2023-12-26　　交易柜员：320325584257　　交易机构：320310589

背景单据43-3

特殊事项处理说明单

日期：2023年12月26日

说明事项	上月销售款已收的牛轧糖夹心苏打饼干、丹麦曲奇饼干产品，本月发生退货。其中，牛轧糖夹心苏打饼干退货数量2880盒，与该销售业务相关的期初预计退货款86400.00元，期初应收退货成本金额41760.00元；丹麦曲奇饼干退货数量2700盒，与该销售业务相关的期初预计退货款148500.00元，期初应收退货成本金额95040.00元。

批准：林逸方　　　审核：叶启尔　　　说明人：梁哲远

项目三　智能财税综合业务实训资料　143

背景单据43-4

简易入库单

2023年12月26日　　编号 RK2914

产品编号	名称	规格	计量单位	数量	单位成本	金额	备注
301	牛轧糖夹心苏打饼干		盒	2880	14.50	41760.00	上月销售，本月退货
302	丹麦曲奇饼干		盒	2700	35.20	95040.00	上月销售，本月退货

交库人：刘玉彬　　　　　　　　　　　　　　　　收货人：李智程

会计联

[业务44]　2023年12月28日，取得原始凭证2张。

背景单据44-1

电子发票（增值税专用发票）

发票号码：23322000000000030838
开票日期：2023年12月28日

购买方信息
名称：苏州湘桥日化有限公司
统一社会信用代码/纳税人识别号：913205089024464892

销售方信息
名称：徐州新味食品有限责任公司
统一社会信用代码/纳税人识别号：913203024832753036

项目名称	规格型号	单位	数量	单价	金额	税率/征收率	税额
*焙烤食品*牛轧糖夹心苏打饼干		盒	-300	30.00	-9000.00	13%	-1170.00
*焙烤食品*丹麦曲奇饼干		盒	-300	55.00	-16500.00	13%	-2145.00
合计					¥-25500.00		¥-3315.00

价税合计（大写）　（负数）贰万捌仟捌佰壹拾伍元整　（小写）¥-28815.00

备注：被红冲蓝字全电发票号码：23322000000000033396红字发票信息确认单编号：35025222121000000000

开票人：林水绣

背景单据 44-2

简易入库单

2023 年 12 月 28 日　　　　　　　　　　　编号 RK2916

产品编号	名称	规格	计量单位	数量	单位成本	金额	备注
301	牛轧糖夹心苏打饼干		盒	300			本月销售，本月退货
302	丹麦曲奇饼干		盒	300			本月销售，本月退货

交库人：焦仁普　　　　　　　　　　　　　　　　　收货人：李智程

会计联

[业务 45] 2023 年 12 月 31 日，取得原始凭证 4 张。

背景单据 45-1

电子发票（增值税专用发票）

发票号码：23322000000000085039
开票日期：2023年12月31日

购买方信息	名称：徐州新味食品有限责任公司　　统一社会信用代码/纳税人识别号：913203024832753036
销售方信息	名称：江苏水务股份有限公司　　统一社会信用代码/纳税人识别号：913232036277144968

项目名称	规格型号	单位	数量	单价	金额	税率/征收率	税额
*水冰雪*自来水		吨	701	2.23	1563.23	3%	46.90
合计					¥1563.23		¥46.90

价税合计（大写）　　⊗　壹仟陆佰壹拾元壹角叁分　　　　　（小写）　¥1610.13

备注：

开票人：王志宁

背景单据 45-2

电子发票（普通发票）

发票号码：23322000000000038257
开票日期：2023年12月31日

购买方信息	名称：徐州新味食品有限责任公司 统一社会信用代码/纳税人识别号：913203024832753036	销售方信息	名称：江苏水务股份有限公司 统一社会信用代码/纳税人识别号：913232036277144968

项目名称	规格型号	单位	数量	单价	金额	税率/征收率	税额
*劳务*污水处理劳务		吨	701	1.45	1016.45	0%	***
合计					￥1016.45		￥0.00

价税合计（大写）	壹仟零壹拾陆元肆角伍分	（小写）￥1016.45

备注：

开票人：胡景峰

背景单据 45-3

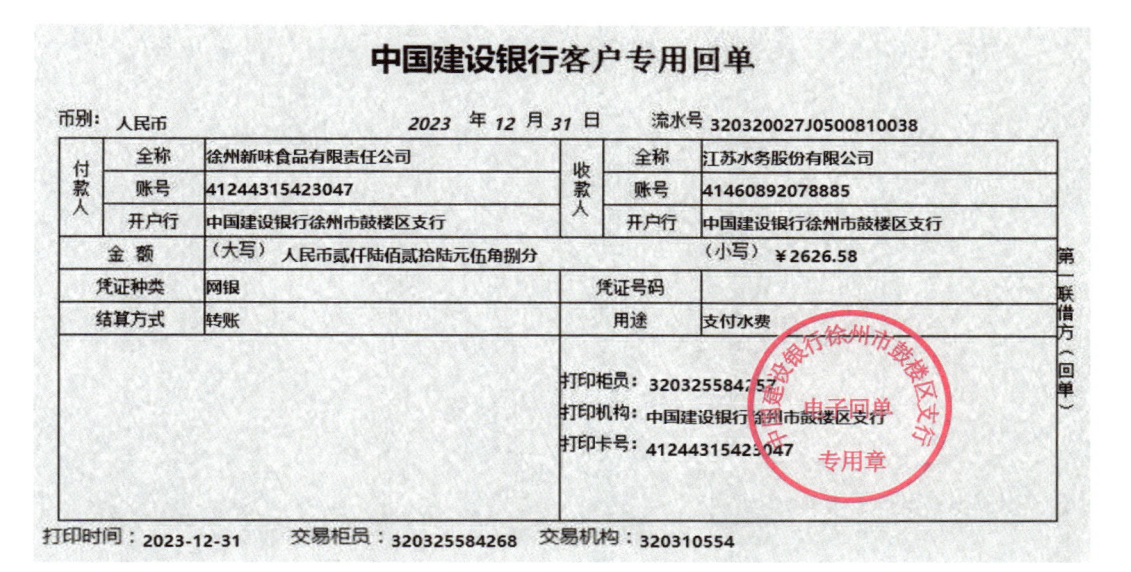

中国建设银行客户专用回单

币别：人民币   2023 年 12 月 31 日   流水号：320320027J0500810038

付款人	全称	徐州新味食品有限责任公司	收款人	全称	江苏水务股份有限公司
	账号	41244315423047		账号	41460892078885
	开户行	中国建设银行徐州市鼓楼区支行		开户行	中国建设银行徐州市鼓楼区支行

金额	（大写）人民币贰仟陆佰贰拾陆元伍角捌分	（小写）￥2626.58
凭证种类	网银	凭证号码	
结算方式	转账	用途	支付水费

打印柜员：320325584757
打印机构：中国建设银行徐州市鼓楼区支行
打印卡号：41244315423047

打印时间：2023-12-31   交易柜员：320325584268   交易机构：320310554

实训单据 45

水费分配表

日期：2023 年 12 月 31 日　　　　　　　　　　　　　　　　　　金额单位：元

部门	实际用量（吨）	水费分摊金额	污水处理费分摊金额	合计
办公室	23			
财务部	24			
采购部	26			
专设销售机构	28			
生产车间	600			
合计	701			

制表：梁哲远　　　　　　　　　　　　　　　　　　　　　　　审核：叶启尔

[业务 46] 2023 年 12 月 31 日，取得原始凭证 2 张。

背景单据 46

电子发票（增值税专用发票）

发票号码：23322000000000082886
开票日期：2023年12月31日

购买方信息	名称：徐州新味食品有限责任公司　　统一社会信用代码/纳税人识别号：913203024832753036
销售方信息	名称：江苏电力股份有限公司　　统一社会信用代码/纳税人识别号：913232038024145046

项目名称	规格型号	单位	数量	单价	金额	税率/征收率	税额
*供电*售电					886.60	13%	115.26
合计					¥886.60		¥115.26

价税合计（大写）	⊗ 壹仟零壹元捌角陆分　　　　　　（小写）¥1001.86
备注	

开票人：司敬新

实训单据 46

电费分配表

日期:2023 年 12 月 31 日　　　　　　　　　　　　　　　金额单位:元

部门	实际用量(千瓦时)	分配率	分配金额
办公室	153		
财务部	155		
采购部	162		
专设销售机构	161		
生产车间	733		
合计	1 364		

制表:梁哲远　　　　　　　　　　　　　　　　　　　　　审核:叶启尔

[业务 47]　2023 年 12 月 31 日,取得原始凭证 3 张。

背景单据 47-1

生产工时明细表

2023-12-31

车间	产品	生产工时(小时)
生产车间	牛轧糖夹心苏打饼干	4050
生产车间	丹麦曲奇饼干	4010
合计		8060

制表:梁哲远　　　　审核:叶启尔

背景单据47-2

工资明细表

日期：2023年12月31日　　　　　　　　　　　　　　　　　　　　　　　　单位：元

姓名	部门	岗位	应付工资
陈一琳	办公室	法定代表人	12 700.00
林逸方	办公室	总经理	11 550.00
李智程	办公室	仓管员	6 000.00
叶启尔	财务部	财务经理	9 000.00
梁哲远	财务部	会计	6 000.00
林水绣	财务部	出纳	5 500.00
张政康	采购部	采购经理	9 000.00
陈达益	采购部	采购员	6 300.00
陈均	采购部	采购员	6 300.00
何美美	专设销售机构	销售经理	10 000.00
潘维娜	专设销售机构	销售员	6 800.00
叶映虹	专设销售机构	销售员	6 800.00
陈守军	生产车间	生产车间主任	9 000.00
郑易一	生产车间	车间核算员	6 350.00
吴婷婷	生产车间	车间工人	5 015.00
柯喜俊	生产车间	车间工人	5 015.00
王玥月	生产车间	车间工人	4 980.00
李辰陈	生产车间	车间工人	4 980.00
王琳	生产车间	车间工人	5 015.00
谢仪	生产车间	车间工人	5 200.00
罗晶晶	生产车间	车间工人	5 200.00
李柏	生产车间	车间工人	4 980.00
王洁	生产车间	车间工人	5 015.00
杨一成	生产车间	车间工人	5 015.00
邱瑶姚	生产车间	车间工人	5 200.00
王芝	生产车间	车间工人	5 015.00
宋佳佳	生产车间	车间工人	5 015.00
林飞铭	生产车间	车间工人	5 200.00
简德	生产车间	车间工人	4 980.00
林小川	生产车间	车间工人	4 980.00
赵铭	生产车间	车间工人	5 200.00
朱华	生产车间	车间工人	4 980.00
关文	生产车间	车间工人	4 980.00
余同光	生产车间	车间工人	4 980.00
夏广	生产车间	车间工人	5 200.00
白冰冰	生产车间	车间工人	5 200.00
万彦	生产车间	车间工人	5 015.00
陈锐	生产车间	车间工人	5 200.00
江海燕	生产车间	车间工人	5 015.00
徐远	生产车间	车间工人	5 015.00
高袖	生产车间	车间工人	5 015.00
王朗	生产车间	车间工人	4 980.00
林玲	生产车间	车间工人	4 980.00
夏君	生产车间	车间工人	5 015.00
谢佰	生产车间	车间工人	5 015.00
合计			267 895.00

制表：梁哲远　　　　　　　　　　　　　　　　　　　　　　　　　　　　审核：叶启尔

实训单据47

工资分配表

日期：2023年12月31日　　　　　　　　　　　　　　　　　　金额单位：元

应借科目	直接计入	分配计入			合计
^^	^^	生产工时(小时)	分配率	分配金额	^^
管理费用					
销售费用					
制造费用					
生产成本	牛轧糖夹心苏打饼干				
生产成本	丹麦曲奇饼干				
合计					

制表：梁哲远　　　　　　　　　　　　　　　　　　　　　　　　审核：叶启尔

[业务48] 2023年12月31日，取得原始凭证2张。

背景单据48

生产工时明细表

2023-12-31

车间	产品	生产工时(小时)
生产车间	牛轧糖夹心苏打饼干	4050
生产车间	丹麦曲奇饼干	4010
合计		8060

制表：梁哲远　　　　　　　　　　　　　审核：叶启尔

实训单据48

"四险"计算表

日期：2023年12月31日　　　　　　　　　　　　　　　　　　单位：元

项目	医疗保险	养老保险	失业保险	工伤保险	"四险"合计
管理费用					
销售费用					
制造费用					
生产成本　牛轧糖夹心苏打饼干					
生产成本　丹麦曲奇饼干					
合计					

制表：梁哲远　　　　　　　　　　　　　　　　　　　　　　　　审核：叶启尔

[业务 49] 2023年12月31日，取得原始凭证2张。

背景单据49

生产工时明细表
2023-12-31

车间	产品	生产工时（小时）
生产车间	牛轧糖夹心苏打饼干	4050
生产车间	丹麦曲奇饼干	4010
合计		8060

制表：梁哲远　　审核：叶启尔

实训单据49

住房公积金计算表

日期：2023年12月31日　　　　　　　　　　单位：元

项目	住房公积金
管理费用	
销售费用	
制造费用	
生产成本	牛轧糖夹心苏打饼干
生产成本	丹麦曲奇饼干
合计	

制表：梁哲远　　　　　　　　　　　　审核：叶启尔

[业务 50] 2023年12月31日，取得原始凭证2张。

背景单据50

生产工时明细表
2023-12-31

车间	产品	生产工时（小时）
生产车间	牛轧糖夹心苏打饼干	4050
生产车间	丹麦曲奇饼干	4010
合计		8060

制表：梁哲远　　审核：叶启尔

实训单据 50

工会经费计算表

日期:2023 年 12 月 31 日　　　　　　　　　　　　　　　　　单位:元

项目		工会经费金额
管理费用		
销售费用		
制造费用		
生产成本	牛轧糖夹心苏打饼干	
生产成本	丹麦曲奇饼干	
合计		

制表:梁哲远　　　　　　　　　　　　　　　　　　　　　　　审核:叶启尔

[业务 51]　2023 年 12 月 31 日,取得原始凭证 2 张。

背景单据 51

生产工时明细表

2023-12-31

车间	产品	生产工时（小时）
生产车间	牛轧糖夹心苏打饼干	4050
生产车间	丹麦曲奇饼干	4010
合计		8060

制表:梁哲远　　　　　　　　　　审核:叶启尔

实训单据 51

职工教育经费计算表

日期:2023 年 12 月 31 日　　　　　　　　　　　　　　　　　单位:元

项目		职工教育经费金额
管理费用		
销售费用		
制造费用		
生产成本	牛轧糖夹心苏打饼干	
生产成本	丹麦曲奇饼干	
合计		

制表:梁哲远　　　　　　　　　　　　　　　　　　　　　　　审核:叶启尔

[业务 52] 2023 年 12 月 31 日，取得原始凭证 4 张。

背景单据 52-1

领料单

领料部门：生产车间
用途：生产产品直接领用-牛轧糖夹心苏打饼干
2023 年 12 月 01 日
编号 LL1130

材料编号	名称	规格	计量单位	请领数量	实发数量	备注
101	黄油		千克	5400	5400	
102	全脂奶粉		千克	3150	3150	
103	棉花糖		千克	13500	13500	
104	蔓越莓干		千克	3375	3375	
105	熟花生仁		千克	3375	3375	
106	苏打饼干		千克	2250	2250	

领料人：吴婷婷　　　　　　　　　　　　发料人：李智程

背景单据 52-2

领料单

领料部门：生产车间
用途：生产产品直接领用-丹麦曲奇饼干
2023 年 12 月 01 日
编号 LL1131

材料编号	名称	规格	计量单位	请领数量	实发数量	备注
107	低筋面粉		千克	25000	25000	
108	鸡蛋		千克	12500	12500	
109	无盐黄油		千克	32500	32500	
110	糖粉		千克	17500	17500	
111	细砂糖		千克	2500	2500	
112	食盐		千克	1250	1250	

领料人：吴婷婷　　　　　　　　　　　　发料人：李智程

实训单据 52-1

发出材料单位成本计算表

日期：2023 年 12 月 31 日　　　　　　　　　　　　　　　　　　　　　　　　单位：元

材料名称	单位	期初数量	期初金额	本期入库数量	本期入库金额	单位成本
黄油	千克					
全脂奶粉	千克					
棉花糖	千克					
蔓越莓干	千克					
熟花生仁	千克					
苏打饼干	千克					
低筋面粉	千克					
鸡蛋	千克					
无盐黄油	千克					
糖粉	千克					
细砂糖	千克					
食盐	千克					
合计						

制表：梁哲远　　　　　　　　　　　　　　　　　　　　　　　　　　　审核：叶启尔

实训单据 52-2

材料发出汇总表

日期：2023 年 12 月 31 日

单位：元

领料用途	产品	黄油 数量	黄油 金额	全脂奶粉 数量	全脂奶粉 金额	棉花糖 数量	棉花糖 金额	蔓越莓干 数量	蔓越莓干 金额	熟花生仁 数量	熟花生仁 金额	苏打饼干 数量	苏打饼干 金额	低筋面粉 数量	低筋面粉 金额	鸡蛋 数量	鸡蛋 金额	无盐黄油 数量	无盐黄油 金额	糖粉 数量	糖粉 金额	细砂糖 数量	细砂糖 金额	食盐 数量	食盐 金额	合计
生产产品直接领用	牛轧糖 夹心苏 打饼干																									
生产产品直接领用	丹麦 曲奇 饼干																									

制表：梁哲远　　　　　　　　　　　　　　　　　　审核：叶启尔

[业务53] 2023年12月31日，取得原始凭证7张。

背景单据53-1

领料单

领料部门：专设销售机构
用途：销售产品领用单独计价
2023 年 12 月 02 日
编号 LL1137

材料编号	名称	规格	计量单位	请领数量	实发数量	备注
204	包装箱		只	1750	1750	
204	包装箱		只	1750	1750	

领料人：吴婷婷　　　　　　　　　　发料人：李智程

背景单据53-2

领料单

领料部门：专设销售机构
用途：销售产品领用单独计价
2023 年 12 月 04 日
编号 LL1138

材料编号	名称	规格	计量单位	请领数量	实发数量	备注
204	包装箱		只	1900	1900	
204	包装箱		只	1900	1900	

领料人：吴婷婷　　　　　　　　　　发料人：李智程

背景单据 53-3

领料单

领料部门：专设销售机构
用途：出租包装物领用　　2023 年 12 月 15 日　　编号 LL1139

材料编号	名称	规格	计量单位	请领数量	实发数量	备注
204	包装箱		只	500	500	

领料人：吴婷婷　　　　　　　　　　　　　　　　发料人：李智程

背景单据 53-4

领料单

领料部门：生产车间
用途：生产产品直接领用-牛轧糖夹心苏打饼干　　2023 年 12 月 31 日　　编号 LL1140

材料编号	名称	规格	计量单位	请领数量	实发数量	备注
201	牛轧糖夹心苏打饼干袋		只	1125000	1125000	
202	牛轧糖夹心苏打饼干盒		只	112500	112500	

领料人：吴婷婷　　　　　　　　　　　　　　　　发料人：李智程

背景单据 53-5

领料单

领料部门：生产车间
用途：生产产品直接领用-丹麦曲奇饼干　　　2023 年 12 月 31 日　　　编号 LL1141

材料编号	名称	规格	计量单位	请领数量	实发数量	备注
203	丹麦曲奇饼干盒		只	125000	125000	

领料人：吴婷婷　　　　　　　　　　　　　　　　　　　　　　　　　发料人：李智程

实训单据 53-1

发出周转材料单位成本计算表
日期：2023 年 12 月 31 日　　　　　　　　　　　　　金额单位：元

材料名称	单位	期初数量	期初金额	本期入库数量	本期入库金额	单位成本
包装箱	只					
牛轧糖夹心苏打饼干袋	只					
牛轧糖夹心苏打饼干盒	只					
丹麦曲奇饼干盒	只					
合计						

制表：梁哲远　　　　　　　　　　　　　　　　　　　　　　　　　　审核：叶启尔

实训单据53-2

周转材料发出汇总表

日期：2023年12月31日

金额单位：元

领用部门	领料用途	产品	包装箱		牛轧糖夹心苏打饼干袋		牛轧糖夹心苏打饼干盒		丹麦曲奇饼干盒		合计
			数量	金额	数量	金额	数量	金额	数量	金额	
专设销售机构	销售产品领用单独计价										
专设销售机构	出租包装物领用										
生产车间	生产产品直接领用	牛轧糖夹心苏打饼干									
生产车间	生产产品直接领用	丹麦曲奇饼干									
合计											

制表：梁哲远　　　　审核：叶启尔

[业务54] 2023年12月31日，取得原始凭证1张。

实训单据54

无形资产摊销表

日期：2023年12月31日

金额单位：元

名称	类型	账面原值	摊销期限（年）	月摊销额	使用部门
Y	专利权	500 000	10		办公室
合计		500 000			

制表：梁哲远　　　　审核：叶启尔

[业务55] 2023年12月31日，取得原始凭证1张。
实训单据55

固定资产折旧计算表
日期：2023年12月31日

金额单位：元

固定资产类别	使用部门	名称	单位	数量	单位成本	原值（元）	投入使用日期	预计使用年限	月折旧率	本月折旧额
房屋及建筑物	办公室	办公楼	平方米	600	4 500	2 700 000	2021-8-1	20		
房屋及建筑物	生产车间	厂房	幢	2	2 430 000	4 860 000	2021-8-1	20		
生产设备	生产车间	饼干混合机	台	8	50 000	400 000	2021-8-1	10		
生产设备	生产车间	饼干成形机	台	8	68 000	544 000	2021-8-1	10		
生产设备	生产车间	饼干烤箱	台	7	50 200	351 400	2021-8-1	10		
生产设备	生产车间	包装机	台	6	72 000	432 000	2021-8-1	10		
生产设备	生产车间	面粉输送机	台	8	56 000	448 000	2021-8-1	10		
生产设备	生产车间	饼干印刷机	台	8	35 000	280 000	2021-8-1	10		
生产设备	生产车间	半自动生产线	台	2	120 000	240 000	2021-8-1	10		
电子设备	办公室	联想电脑	台	3	4 899	14 697	2021-8-1	3		
电子设备	财务部	惠普电脑	台	3	4 899	14 697	2021-8-1	3		
电子设备	采购部	戴尔电脑	台	3	4 899	14 697	2021-8-1	3		
电子设备	专设销售机构	戴尔电脑	台	3	5 020	15 060	2021-8-1	3		
电子设备	生产车间	戴尔电脑	台	3	5 020	15 060	2021-8-1	3		
电子设备	办公室	格力空调	台	1	2 699	2 699	2021-8-1	3		
电子设备	财务部	格力空调	台	1	4 299	4 299	2021-8-1	3		
电子设备	采购部	美的空调	台	1	4 399	4 399	2021-8-1	3		
电子设备	专设销售机构	格力空调	台	1	2 799	2 799	2021-8-1	3		
电子设备	生产车间	格力空调	台	3	2 799	8 397	2021-8-1	3		
合计						10 352 204				

制表：梁哲远   审核：叶启尔

[业务56] 2023年12月31日,取得原始凭证3张。

背景单据56-1

产品工时明细表

2023-12-31

车间	产品	生产工时（小时）
生产车间	牛轧糖夹心苏打饼干	4050
生产车间	丹麦曲奇饼干	4010
合计		8060

制表：梁哲远　　　　审核：叶启尔

背景单据56-2

产品福利发放清单

日期：2023年12月31日　　　　　　　　　金额单位：元

部门		牛轧糖夹心苏打饼干		合计
		数量（盒）	金额	
办公室		60	2 034.00	2 034.00
财务部		60	2 034.00	2 034.00
采购部		60	2 034.00	2 034.00
专设销售机构		60	2 034.00	2 034.00
生产车间	车间管理人员	40	1 356.00	1 356.00
生产车间	车间生产工人	620	21 018.00	21 018.00
合计		900	30 510.00	30 510.00

制表：梁哲远　　　　审核：叶启尔

背景单据56-3

产品福利分配表

日期：2023年12月31日　　　　　　　　　金额单位：元

项目	项目明细	直接计入	分配计入			合计
			生产工时（小时）	分配率	分配金额	
管理费用		6 102.00				6 102.00
销售费用		2 034.00				2 034.00
制造费用		1 356.00				1 356.00
生产成本	牛轧糖夹心苏打饼干		4 050	2.607 7	10 561.19	10 561.19
生产成本	丹麦曲奇饼干		4 010	2.607 7	10 456.81	10 456.81
合计		9 492.00	8 060		21 018.00	30 510.00

制表：梁哲远　　　　审核：叶启尔

[业务57] 2023年12月31日,取得原始凭证2张。

背景单据57

产品生产工时明细表

2023-12-31

车间	产品	生产工时(小时)
生产车间	牛轧糖夹心苏打饼干	4050
生产车间	丹麦曲奇饼干	4010
合计		8060

制表:梁哲远　　审核:叶启尔

实训单据57

制造费用分配表

日期:2023年12月31日　　　　　　　　　金额单位:元

车间	产品	分配标准(工时)	分配率	分配金额
生产车间	牛轧糖夹心苏打饼干			
生产车间	丹麦曲奇饼干			
合计				

制表:梁哲远　　　　　　　　　　　　　　　　审核:叶启尔

[业务58] 2023年12月31日,取得原始凭证2张。

背景单据58

产品产量明细表

日期:2023年12月31日　　　　　　　　　单位:盒

生产部门	产品	月初在产品数量	本月投产产品数量	本月完工产品数量	本月产品入库数量	月末在产品数量	投料率	期末在产品完工率
生产车间	牛轧糖夹心苏打饼干	4 500	112 500	112 320	112 320	4 680	100%	96%
生产车间	丹麦曲奇饼干	3 200	125 000	124 354	124 354	3 846	100%	97%

实训单据 58

产品成本计算表

日期:2023 年 12 月 31 日

金额单位:元

生产部门	产品名称	成本项目	月初在产品成本	本月生产费用	生产成本合计	完工产品产量(盒)	在产品产量(盒)	在产品约当产量(盒)	产量合计(盒)	单位成本	完工产品成本	在产品成本
生产车间	牛轧糖夹心苏打饼干	直接材料										
生产车间	牛轧糖夹心苏打饼干	直接人工										
生产车间	牛轧糖夹心苏打饼干	制造费用										
小计												
生产车间	丹麦曲奇饼干	直接材料										
生产车间	丹麦曲奇饼干	直接人工										
生产车间	丹麦曲奇饼干	制造费用										
小计												
合计												

制表:梁哲远　　　　　审核:叶启尔

[业务 59]　2023 年 12 月 31 日,取得原始凭证 1 张。
背景单据 59

李军债利息收入计算单

债券种类:分期付息到期一次还本　　债券发行人:江苏李军股份有限公司　　单位:元

票面利率:8%	实际利率:6%	发行日:2023-12-05	付息日:2023-12-31	期限:5年
日期	应收利息	利息调整摊销	利息收入	摊余成本
2023-12-05				5421443.31
2023-12-31	28888.89	5395.97	23492.92	5416047.34

制表:梁哲远　　　　　　　　　　　　　　　　　　　　　　审核:叶启尔

[业务 60]　2023 年 12 月 31 日,取得原始凭证 1 张。
背景单据 60

金融资产公允价值变动损益计算表

日期:2023 年 12 月 31 日　　　　　　　　金额单位:元

证券代码	证券名称	持有数量(张)	账面价值	收盘价	市值	公允价值变动
947978	李军债	50 000	5 416 047.34	110.00	5 500 000.00	83 952.66
合计			5 416 047.34		5 500 000.00	83 952.66

制表:梁哲远　　　　　　　　　　　　　　　　　　　　　　审核:叶启尔

[业务 61]　2023 年 12 月 31 日,取得原始凭证 1 张。
背景单据 61

金融资产公允价值变动损益计算表

日期:2023 年 12 月 31 日　　　　　　　　金额单位:元

证券代码	证券名称	持有数量(股)	账面价值	收盘价	市值	公允价值变动
803725	秀莹股	15 000	172 500.00	18.00	270 000.00	97 500.00
合计			172 500.00		270 000.00	97 500.00

制表:梁哲远　　　　　　　　　　　　　　　　　　　　　　审核:叶启尔

[业务62] 2023年12月31日,取得原始凭证1张。

背景单据62

投资性房地产公允价值变动损益计算表

日期:2023年12月31日　　　　　　　　　　　　　　　　　　单位:元

名称	账面价值	公允价值	公允价值变动损益
房屋	1 197 000.00	1 203 000.00	6 000.00
合计	1 197 000.00	1 203 000.00	6 000.00

制表:梁哲远　　　　　　　　　　　　　　　　　　　　　　　审核:叶启尔

[业务63] 2023年12月31日,取得原始凭证1张。

实训单据63

坏账准备计算表

日期:2023年12月31日　　　　　　　　　　　　　　　　　　单位:元

项目	应收款项期末余额	计提比例	坏账准备期初余额	借方发生额	贷方发生额	应补提金额	应冲减金额
应收账款坏账准备							
合计							

制表:梁哲远　　　　　　　　　　　　　　　　　　　　　　　审核:叶启尔

[业务64] 2023年12月31日，取得原始凭证1张。
背景单据64

简易存货盘盈盘亏报告表

企业名称：徐州新味食品有限责任公司　　2023年12月31日　　金额单位：元

存货名称	计量单位	单价	账存	实存	盘盈数量	盘盈金额	盘亏数量	盘亏金额	差异原因
黄油	千克		192	192					
鸡蛋	千克	19.02	330	328			2	42.99	管理不善损失
食盐	千克		34	34					
蔓越莓干	千克		120	120					
苏打饼干	千克		80	80					
细砂糖	千克		68	68					
糖粉	千克		476	476					
熟花生仁	千克		120	120					
棉花糖	千克		480	480					
无盐黄油	千克		884	884					
全脂奶粉	千克		112	112					
低筋面粉	千克		680	680					

单位主管部门批复处理意见：情况属实
批准人：林逸方　　部门负责人：叶启尔　　制单：梁哲远

[业务65] 2023年12月31日，取得原始凭证1张。
背景单据65

存货盘盈盘亏核销报告表
2023年12月31日

编号	品名	单位	账面数量	实存数量	盘盈数量	盘盈金额	盘亏数量	盘亏金额	原因
102	鸡蛋	千克	330	328			2	42.99	管理不善损失
		合计							

财务部门意见：盘亏全部按《企业会计准则》规定进行处理。
叶启尔　2023年12月31日

保管部门意见：同意
李智程　2023年12月31日

公司领导意见：同意
林逸方　2023年12月31日

[业务 66] 2023年12月31日,取得原始凭证2张。

实训单据 66-1

库存商品单位成本计算表

日期:2023年12月31日　　　　　　　　　　　　　　　　金额单位:元

产品名称	期初结存 数量	期初结存 金额	本期入库 数量	本期入库 金额	本期发出库存商品单位成本
牛轧糖夹心苏打饼干					
丹麦曲奇饼干					
合计					

制表:梁哲远　　　　　　　　　　　　　　　　　　　　　　审核:叶启尔

实训单据 66-2

发出产品成本结转表

日期:2023年12月31日　　　　　　　　　　　　　　　　金额单位:元

领用部门	用途	牛轧糖夹心苏打饼干 数量	牛轧糖夹心苏打饼干 金额	丹麦曲奇饼干 数量	丹麦曲奇饼干 金额	合计
专设销售机构	销售领用					
合计						

制表:梁哲远　　　　　　　　　　　　　　　　　　　　　　审核:叶启尔

[业务 67] 2023年12月31日,取得原始凭证2张。

背景单据 67-1

合同履约成本结转表

2023-12-31　　　　　　　　　　　　　　　　　　　　　　单位:元

总账科目	明细科目	借方发生额
合同履约成本	服务成本——广告展览费	120000.00
合计		120000.00

制表:**梁哲远**　　　　　　　　　　　　　　　　　审核:**叶启尔**

背景单据 67-2

需要进一步分配的合同履约成本分配表

2023-12-31   单位：元

转入总账科目	产品	分配标准（按销售的商品开票金额）	分配率	分配金额
主营业务成本	牛轧糖夹心苏打饼干	2574000.00	0.0168	43243.20
主营业务成本	丹麦曲奇饼干	4565000.00	0.0168	76756.80
合计		7139000.00		120000.00

制表：梁哲远　　　　　　　　　　　　　　　　　　　　　　　　　　　　　　审核：叶启尔

[业务68] 2023年12月31日，取得原始凭证2张。

背景单据 68-1

产品预计退货数量、收入、成本调整表

日期：2023年12月31日　　　　　　　　　　　　　　　　　　　单位:元

产品名称	预计退货业务蓝字开票数量	重新估计退货率	重新估计退货数量	重新估计前预计退货数量	调整预计退货数量	主营业务收入 不含税销售单价	主营业务收入 调整收入金额	主营业务成本 产品单位成本	主营业务成本 调整成本金额
牛轧糖夹心苏打饼干	83 000.00	5%	4 150	4 680	－530	30.00	15 900.00	11.70	6 201.00
丹麦曲奇饼干	83 000.00	5%	4 150	4 680	－530	55.00	29 150.00	25.54	13 536.20
合计							45 050.00		19 737.20

制表：梁哲远　　　　　　　　　　　　　　　　　　　　　　　　　　　　　　审核：叶启尔

背景单据68-2

经理办公会议纪要

企业根据销售及退货情况分析,将牛轧糖夹心苏打饼干的退货率调整为5%、丹麦曲奇饼干的退货率调整为5%。

参加人员:

林逸方　　　叶启尔　　　何美美

2023-12-31

[业务69] 2023年12月31日,取得原始凭证1张。

背景单据69

预计产品质量保证损失计算表

2023-12-31　　　　　　　　　　　　　　　单位:元

计提基数	比例	计提金额
1621600.00	1%	16216.00
合计		16216.00

制表:梁哲远　　　　　　　　　　审核:叶启尔

[业务70] 2023年12月31日,取得原始凭证1张。

背景单据70

经理办公会议纪要

本公司因采购合同违约,被泰州祥荣百货有限责任公司起诉,被要求赔偿35000.00元。目前,此案正在审理中。本公司聘请的律师认为很可能败诉,估计需赔偿35000.00元。经研究同意本公司预计赔偿损失35000.00元。

参加人员:

叶启尔　　　张政康　　　林逸方　　　何美美

2023-12-31

[业务 71] 2023 年 12 月 31 日,取得原始凭证 1 张。

实训单据 71

房产税计算表

税款所属期:2023-10-01 至 2023-12-31　　　　　　　　　　　　单位:元

项目	房产原值	计税比例	计税房产余值	税率	本期应纳税额	本期减免税额	本期应补(退)税额
办公楼	4 860 000.00	80%		1.2%			
厂房	2 700 000.00	80%		1.2%			
合计	7 560 000.00						

制表:梁哲远　　　　　　　　　　　　　　　　　　　　　　　　审核:叶启尔

[业务 72] 2023 年 12 月 31 日,取得原始凭证 1 张。

实训单据 72

城镇土地使用税计算表

税款所属期:2023-10-01 至 2023-12-31　　　　　　　　　　　金额单位:元

项目	地段等级	占地总面积(平方米)	免税面积(平方米)	应税面积(平方米)	单位税额	本期计算税额	本期减免税额	本期应纳税额
土地使用权	二级地段	1 500		1 500	24			

制表:梁哲远　　　　　　　　　　　　　　　　　　　　　　　审核:叶启尔

[业务 73] 2023 年 12 月 31 日,取得原始凭证 1 张。

实训单据 73

应交增值税计算表

日期:2023 年 12 月 31 日　　　　　　　　　　　　　　　　　单位:元

项目	金额
销项税额	
进项税额	
进项税额转出	
上期留抵税额	
应纳税额	
期末留抵税额	
简易征收办法计算的应纳税额	
应纳税额减征额	
应纳税额合计	

制表:梁哲远　　　　　　　　　　　　　　　　　　　　　　　审核:叶启尔

[业务74] 2023年12月31日,取得原始凭证1张。

实训单据74

税金及附加计算表

日期:2023年12月31日　　　　　　　　　　　　　　　　　单位:元

税(费)种	计税依据(增值税)	税率(征收率)	本期应交税费
应交城市维护建设税		7%	
应交教育费附加		3%	
应交地方教育附加		2%	
合计			

制表:梁哲远　　　　　　　　　　　　　　　　　　　　　　审核:叶启尔

[业务75] 2023年12月31日,取得原始凭证1张。

实训单据75

企业所得税计算表

日期:2023年12月31日　　　　　　　　　　　　　　　　　单位:元

项目	1~11月已申报金额	本期金额	本年累计金额
营业收入	64 063 862.50		
营业成本	30 427 333.20		
利润总额	26 712 857.25		
加:特定业务计算的应纳税所得额			
减:不征税收入			
减:免税收入、减计收入、所得减免等优惠金额			
减:固定资产加速折旧(扣除)调减额			
减:弥补以前年度亏损			
实际利润额	26 712 857.25		
税率	25%		
应纳所得税额	6 678 214.31		
减:减免所得税额			
减:实际已缴纳所得税额	5 907 240.06		
减:特定业务预缴(征)所得税额			
本期应补(退)所得税额	770 974.25		

制表:梁哲远　　　　　　　　　　　　　　　　　　　　　　审核:叶启尔

[业务76] 2023年12月31日，取得原始凭证1张。

实训单据76

损益类账户发生额结转表

日期：2023年12月31日　　　　　　　　　　　　　　　　单位：元

科目名称	本期借方发生额	本期贷方发生额
主营业务收入——商品销售收入——牛轧糖夹心苏打饼干		
主营业务收入——商品销售收入——丹麦曲奇饼干		
其他业务收入——出租固定资产收入		
其他业务收入——出租包装物和商品收入		
其他业务收入——包装物销售收入		
公允价值变动损益——投资性房地产公允价值变动		
公允价值变动损益——交易性金融资产公允价值变动		
投资收益——交易手续费		
投资收益——出售金融资产——出售金融商品收益		
投资收益——利息收入		
资产处置损益——非流动资产处置利得		
主营业务成本——服务成本——牛轧糖夹心苏打饼干		
主营业务成本——服务成本——丹麦曲奇饼干		
主营业务成本——商品销售成本——牛轧糖夹心苏打饼干		
主营业务成本——商品销售成本——丹麦曲奇饼干		
其他业务成本——出租固定资产折旧额		
其他业务成本——包装物销售成本		
其他业务成本——出租包装物和商品成本		
税金及附加——房产税		
税金及附加——城镇土地使用税		
税金及附加——城市维护建设税		
税金及附加——教育费附加		
税金及附加——地方教育附加		
销售费用——水电费		
销售费用——工资		
销售费用——职工教育经费		
销售费用——工会经费		
销售费用——职工福利费		
销售费用——折旧费		

(续表)

科目名称	本期借方发生额	本期贷方发生额
销售费用——预计商品质量保证损失		
销售费用——住房公积金		
销售费用——社会保险费		
管理费用——业务招待费		
管理费用——水电费		
管理费用——工资		
管理费用——职工教育经费		
管理费用——工会经费		
管理费用——职工福利费		
管理费用——无形资产摊销费		
管理费用——折旧费		
管理费用——差旅费		
管理费用——盘亏损失		
管理费用——董事会费		
管理费用——住房公积金		
管理费用——社会保险费		
财务费用——利息支出		
信用减值损失——坏账损失		
营业外支出——捐赠支出		
营业外支出——预计赔偿损失		
营业外支出——滞纳金		
所得税费用——当期所得税费用		
合计		

制表：梁哲远　　　　　　　　　　　　　　　　审核：叶启尔

[业务77] 2023年12月31日，取得原始凭证1张。

实训单据77

年度净利润计算及结转表

日期：2023年12月31日　　　　　　　　　　　　　　　单位：元

项目	金额
1～11月净利润	
12月净利润	
年度净利润	

制表：梁哲远　　　　　　　　　　　　　　　　审核：叶启尔

[业务78] 2023年12月31日,取得原始凭证1张。

实训单据78

计提盈余公积计算表

日期:2023年12月31日　　　　　　　　　　　　　　　　　　　单位:元

项目	计提比例	金额
法定盈余公积		
任意盈余公积		
合计		

制表:梁哲远　　　　　　　　　　　　　　　　　　　　　审核:叶启尔

[业务79] 2023年12月31日,取得原始凭证1张。

背景单据79

股东会决议

时间：2023年12月31日

应到会股东人数2人，实际到会股东人数2人。

经全体股东审议，一致通过如下决议：本公司截至2022年12月31日未分配利润6088130.59元（大写金额：人民币陆佰零捌万捌仟壹佰叁拾元伍角玖分），本公司现决议向全体股东分配现金利润8870954.20元（大写金额：人民币捌佰捌拾柒万零玖佰伍拾肆元贰角整），按出资比例分配。

股东签名：　刘友　　刘研杰

（徐州新味食品有限责任公司　2023-12-31）

[业务 80] 2023 年 12 月 31 日,取得原始凭证 1 张。

实训单据 80

利润分配明细项目结转表

日期:2023 年 12 月 31 日　　　　　　　　　　　　　　单位:元

项目	金额
提取法定盈余公积	
提取任意盈余公积	
应付利润	
合计	

制表:梁哲远　　　　　　　　　　　　　　　　　　审核:叶启尔

项目四　编制会计报表

1. 编制资产负债表如表 4-1 所示。

表 4-1　资产负债表

编制单位：　　　　　　　　　　　　　　　年　月　日　　　　　　　　　　　　　　　单位：元

资产	行次	期末余额	负债	行次	期末余额
流动资产：			流动负债：		
货币资金	1		短期借款	35	
交易性金融资产	2		交易性金融负债	36	
衍生金融资产	3		衍生金融负债	37	
应收票据	4		应付票据	38	
应收账款	5		应付账款	39	
应收款项融资	6		预收款项	40	
预付款项	7		合同负债	41	
其他应收款	8		应付职工薪酬	42	
存货	9		应交税费	43	
合同资产	10		其他应付款	44	
持有待售资产	11		持有待售负债	45	
一年内到期的非流动资产	12		一年内到期的非流动负债	46	
其他流动资产	13		其他流动负债	47	
流动资产合计	14		流动负债合计	48	
非流动资产：			非流动负债：		
债权投资	15		长期借款	49	
其他债权投资	16		应付债券	50	
长期应收款	17		其中：优先股	51	
长期股权投资	18		永续债	52	
其他权益工具投资	19		租赁负债	53	
其他非流动金融资产	20		长期应付款	54	
投资性房地产	21		预计负债	55	
固定资产	22		递延收益	56	

(续表)

资产	行次	期末余额	负债	行次	期末余额
在建工程	23		递延所得税负债	57	
生产性生物资产	24		其他非流动负债	58	
油气资产	25		非流动负债合计	59	
使用权资产	26		负债合计	60	
无形资产	27		所有者权益(或股东权益):		
开发支出	28		实收资本(或股本)	61	
商誉	29		其他权益工具	62	
长期待摊费用	30		其中:优先股	63	
递延所得税资产	31		永续债	64	
其他非流动资产	32		资本公积	65	
非流动资产合计	33		减:库存股	66	
			其他综合收益	67	
			专项储备	68	
			盈余公积	69	
			未分配利润	70	
			所有者权益(或股东权益)合计	71	
资产总计	34		负债和所有者权益(或股东权益)总计	72	

2. 编制利润表如表 4-2 所示。

表 4-2 利 润 表

编制单位：　　　　　　　　　　　　年　月　　　　　　　　　　　　单位:元

项目	行次	本期金额
一、营业收入	1	
减:营业成本	2	
税金及附加	3	
销售费用	4	
管理费用	5	
研发费用	6	
财务费用(收益以"—"号填列)	7	
其中:利息费用	8	
利息收入	9	

（续表）

项目	行次	本期金额
加：其他收益	10	
投资收益（损失以"－"号填列）	11	
其中：对联营企业和合营企业的投资收益	12	
以摊余成本计量的金融资产终止确认收益（损失以"－"号填列）	13	
净敞口套期收益（损失以"－"号填列）	14	
公允价值变动收益（损失以"－"号填列）	15	
信用减值损失（损失以"－"号填列）	16	
资产减值损失（损失以"－"号填列）	17	
资产处置收益（损失以"－"号填列）	18	
二、营业利润（亏损以"－"号填列）	19	
加：营业外收入	20	
减：营业外支出	21	
三、利润总额（亏损总额以"－"号填列）	22	
减：所得税费用	23	
四、净利润（净亏损以"－"号填列）	24	
（一）持续经营净利润（净亏损以"－"号填列）	25	
（二）终止经营净利润（净亏损以"－"号填列）	26	
五、其他综合收益的税后净额	27	
（一）不能重分类进损益的其他综合收益	28	
1. 重新计量设定收益计划变动额	29	
2. 权益法下不能转损益的其他综合收益	30	
3. 其他权益工具投资公允价值变动	31	
4. 企业自身信用风险公允价值变动	32	
……	33	
（二）将重分类进损益的其他综合收益	34	
1. 权益法下可转损益的其他综合收益	35	
2. 其他债权投资公允价值变动	36	
3. 金融资产重分类计入其他综合收益的金额	37	
4. 其他债权投资信用减值准备	38	
5. 现金流量套期储备	39	
6. 外币财务报表折算差额	40	
……	41	

(续表)

项目	行次	本期金额
六、综合收益总额	42	
七、每股收益：	43	
（一）基本每股收益	44	
（二）稀释每股收益	45	

3. （选做）编制现金流量表如表4-3所示。

表4-3　现金流量表

编制单位：　　　　　　　　　　　　年　　月　　　　　　　　　　　单位：元

项目	序号	本期金额
一、经营活动产生的现金流量：	1	
销售商品、提供劳务收到的现金	2	
收到的税费返还	3	
收到其他与经营活动有关的现金	4	
经营活动现金流入小计	5	
购买商品、接受劳务支付的现金	6	
支付给职工以及为职工支付的现金	7	
支付的各项税费	8	
支付其他与经营活动有关的现金	9	
经营活动现金流出小计	10	
经营活动产生的现金流量净额	11	
二、投资活动产生的现金流量：	12	
收回投资收到的现金	13	
取得投资收益收到的现金	14	
处置固定资产、无形资产和其他长期资产收回的现金净额	15	
处置子公司及其他营业单位收到的现金净额	16	
收到其他与投资活动有关的现金	17	
投资活动现金流入小计	18	
购建固定资产、无形资产和其他长期资产支付的现金	19	
投资支付的现金	20	
取得子公司及其他营业单位支付的现金净额	21	
支付其他与投资活动有关的现金	22	
投资活动现金流出小计	23	

（续表）

项目	序号	本期金额
投资活动产生的现金流量净额	24	
三、筹资活动产生的现金流量：	25	
吸收投资收到的现金	26	
取得借款收到的现金	27	
收到其他与筹资活动有关的现金	28	
筹资活动现金流入小计	29	
偿还债务支付的现金	30	
分配股利、利润或偿付利息支付的现金	31	
支付其他与筹资活动有关的现金	32	
筹资活动现金流出小计	33	
筹资活动产生的现金流量净额	34	
四、汇率变动对现金及现金等价物的影响	35	
五、现金及现金等价物净增加额	36	
加：期初现金及现金等价物余额	37	
六、期末现金及现金等价物余额	38	

表 5-2 财产和行为税纳税申报表

纳税人识别号(统一社会信用代码):

纳税人名称:

金额单位:人民币元(列至角分)

序号	税种	税目	税款所属期起	税款所属期止	计税依据	税率	应纳税额	减免税额	已缴税额	应补(退)税额
1										
2										
3										
4										
5										
6										
7										
8										
9										
10										
合计	—	—	—	—	—	—				

声明:此表是根据国家税收法律法规及相关规定填写的,本人(单位)对填报内容(及附带资料)的真实性、可靠性、完整性负责。

纳税人(签章): 年 月 日

经办人:

经办人身份证号:

代理机构签章:

代理机构统一社会信用代码:

受理人:

受理税务机关(章):

受理日期: 年 月 日

2. 填制增值税及附加税费申报相关表格

根据国家税收法律法规及增值税相关规定制定本表。纳税人不论有无销售额,均应按税务机关核定的纳税期限填写本表,并向当地税务机关申报。

税款所属时间：自　　年　　月　　日至　　年　　月　　日　　填表日期：　　年　　月　　日　　金额单位：元（列至角分）

纳税人识别号（统一社会信用代码）：□□□□□□□□□□□□□□□□□□□□

增值税及附加税费申报相关表格如表5-3至表5-9所示。

表5-3 增值税及附加税费申报表

（一般纳税人适用）

纳税人名称：			法定代表人姓名		注册地址		生产经营地址	
开户银行及账号			登记注册类型				电话号码	
							所属行业：	
	栏次	项目	一般项目			即征即退项目		
			本月数	本年累计		本月数	本年累计	
销售额	1	（一）按适用税率计税销售额						
	2	其中：应税货物销售额						
	3	应税劳务销售额						
	4	纳税检查调整的销售额						
	5	（二）按简易办法计税销售额						
	6	其中：纳税检查调整的销售额						
	7	（三）免、抵、退办法出口销售额				—	—	—
	8	（四）免税销售额				—	—	—
	9	其中：免税货物销售额				—	—	—
	10	免税劳务销售额				—	—	—

(续表)

	销项税额	11		—
	进项税额	12		—
	上期留抵税额	13		—
	进项税额转出	14		—
	免、抵、退应退税额	15		—
	按适用税率计算的纳税检查应补缴税额	16		—
税款计算	应抵扣税额合计	17＝12＋13－14－15＋16		—
	实际抵扣税额	18(如17<11,则为17,否则为11)		—
	应纳税额	19＝11－18		—
	期末留抵税额	20＝17－18		—
	简易计税办法计算的应纳税额	21		—
	按简易计税办法计算的纳税检查应补缴税额	22		—
	应纳税额减征额	23		—
	应纳税额合计	24＝19＋21－23		—
税款缴纳	期初未缴税额(多缴为负数)	25		
	实收出口开具专用缴款书退税额	26		—
	本期已缴税额	27＝28＋29＋30＋31		
	①分次预缴税额	28		—
	②出口开具专用缴款书预缴税额	29		—

(续表)

税款缴纳	③本期缴纳上期应纳税额	30		
	④本期缴纳欠缴税额	31		
	期末未缴税额（多缴为负数）	32＝24＋25＋26－27		
	其中：欠缴税额（≥0）	33＝25＋26－27	—	
	本期应补（退）税额	34＝24－28－29	—	
	即征即退实际退税额	35		
	期初未缴查补税额	36	—	
	本期入库查补税额	37	—	
	期末未缴查补税额	38＝16＋22＋36－37	—	
附加税费	城市维护建设税本期应补（退）税额	39	—	
	教育费附加本期应补（退）费额	40	—	
	地方教育附加本期应补（退）费额	41	—	

声明：此表是根据国家税收法律法规及相关规定填写的，本人（单位）对填报内容（及附带资料）的真实性、可靠性、完整性负责。

纳税人（签章）：　　　　　年　月　日

经办人： 经办人身份证号： 代理机构签章： 代理机构统一社会信用代码：	受理人： 受理税务机关（章）：　　受理日期：　年　月　日

表 5-4 增值税及附加税费申报表附列资料（一）

（本期销售情况明细）

纳税人名称：（公章）

税款所属时间：　年　月　日至　年　月　日

金额单位：元（列至角分）

项目及栏次			开具增值税专用发票		开具其他发票		未开具发票		纳税检查调整		合计		价税合计	服务、不动产和无形资产扣除项目本期实际扣除金额	扣除后	
			销售额	销项（应纳）税额	销售额	销项（应纳）税额	销售额	销项（应纳）税额	销售额	销项（应纳）税额	销售额	销项（应纳）税额			含税（免税）销售额	销项（应纳）税额
			1	2	3	4	5	6	7	8	9=1+3+5+7	10=2+4+6+8	11=9+10	12	13=11-12	14=13÷(100%+税率或征收率)×税率或征收率
一、一般计税方法计税	全部征税项目	13%税率的货物及加工修理修配劳务	1													
		13%税率的服务、不动产和无形资产	2													
		9%税率的货物及加工修理修配劳务	3													
		9%税率的服务、不动产和无形资产	4													
		6%税率	5													
	其中：即征即退项目	即征即退货物及加工修理修配劳务	6	—	—	—	—	—	—	—	—	—	—	—	—	—
		即征即退服务、不动产和无形资产	7	—	—	—	—	—	—	—	—	—	—	—	—	—
二、简易计税方法计税	全部征税项目	6%征收率	8													
		5%征收率的货物及加工修理修配劳务	9a													
		5%征收率的服务、不动产和无形资产	9b													
		4%征收率	10			—	—								—	—

（续表）

项目及栏次		开具增值税专用发票		开具其他发票		未开具发票		纳税检查调整		合计			服务、不动产和无形资产扣除项目本期实际扣除金额	扣除后	
		销售额	销项(应纳)税额	销售额	销项(应纳)税额	销售额	销项(应纳)税额	销售额	销项(应纳)税额	销售额	销项(应纳)税额	价税合计		含税(免税)销售额	销项(应纳)税额
		1	2	3	4	5	6	7	8	9=1+3+5+7	10=2+4+6+8	11=9+10	12	13=11−12	14=13÷(100%+税率或征收率)×税率或征收率
二、简易计税方法计税	全部征税项目	3%征收率的货物及加工修理修配劳务 11														
		3%征收率的服务、不动产和无形资产 12														
		预征率 ％ 13a				—	—	—	—	—	—	—	—	—	—
		预征率 ％ 13b				—	—	—	—	—	—	—	—	—	—
		预征率 ％ 13c				—	—	—	—	—	—	—	—	—	—
	其中：即征即退项目	即征即退货物及加工修理修配劳务 14														
		即征即退服务、不动产和无形资产 15														
三、免抵退税		货物及加工修理修配劳务 16			—	—	—	—	—	—	—	—	—	—	—	—
		服务、不动产和无形资产 17			—	—	—	—	—	—	—	—	—	—	—	—
四、免税		货物及加工修理修配劳务 18			—	—	—	—	—	—	—	—	—	—	—	—
		服务、不动产和无形资产 19			—	—	—	—	—	—	—	—	—	—	—	—

表 5-5　增值税及附加税费申报表附列资料(二)

（本期进项税额明细）

税款所属时间：　　年　月　日至　　年　月　日

纳税人名称：(公章)　　　　　　　　　　　　　　　金额单位：元(列至角分)

一、申报抵扣的进项税额					
项目		栏次	份数	金额	税额
（一）认证相符的增值税专用发票		1=2+3			
	其中：本期认证相符且本期申报抵扣	2			
	前期认证相符且本期申报抵扣	3			
（二）其他扣税凭证		4=5+6+7+8a+8b			
	其中：海关进口增值税专用缴款书	5			
	农产品收购发票或者销售发票	6			
	代扣代缴税收缴款凭证	7		—	
	加计扣除农产品进项税额	8a	—	—	
	其他	8b			
（三）本期用于购建不动产的扣税凭证		9			
（四）本期用于抵扣的旅客运输服务扣税凭证		10			
（五）外贸企业进项税额抵扣证明		11	—	—	
当期申报抵扣进项税额合计		12=1+4+11			
二、进项税额转出额					
项目		栏次		税额	
本期进项税额转出额		13=14 至 23 之和			
其中：免税项目用		14			
集体福利、个人消费		15			
非正常损失		16			
简易计税方法征税项目用		17			
免抵退税办法不得抵扣的进项税额		18			
纳税检查调减进项税额		19			
红字专用发票信息表注明的进项税额		20			
上期留抵税额抵减欠税		21			
上期留抵税额退税		22			
异常凭证转出进项税额		23a			
其他应作进项税额转出的情形		23b			

(续表)

三、待抵扣进项税额					
项目		栏次	份数	金额	税额
(一)认证相符的增值税专用发票		24	—	—	—
期初已认证相符但未申报抵扣		25			
本期认证相符且本期未申报抵扣		26			
期末已认证相符但未申报抵扣		27			
其中:按照税法规定不允许抵扣		28			
(二)其他扣税凭证		29=30至33之和			
其中:海关进口增值税专用缴款书		30			
农产品收购发票或者销售发票		31			
代扣代缴税收缴款凭证		32		—	
其他		33			
		34			

四、其他						
项目	栏次	份数	金额	税额
本期认证相符的增值税专用发票	35			
代扣代缴税额	36	—	—	

表 5-6 增值税及附加税费申报表附列资料(三)
(服务、不动产和无形资产扣除项目明细)

税款所属时间: 　年　月　日至　年　月　日

纳税人名称:(公章)　　　　　　　　　　　　　　　金额单位:元(列至角分)

项目及栏次		本期服务、不动产和无形资产价税合计额(免税销售额)	服务、不动产和无形资产扣除项目			
			期初余额	本期发生额	本期应扣除金额	本期实际扣除金额	期末余额
		1	2	3	4=2+3	5(5≤1且5≤4)	6=4-5
13%税率的项目	1						
9%税率的项目	2						
6%税率的项目(不含金融商品转让)	3						
6%税率的金融商品转让项目	4						
5%征收率的项目	5						
3%征收率的项目	6						
免抵退税的项目	7						
免税的项目	8						

表 5-7　增值税及附加税费申报表附列资料(四)
(税额抵减情况表)

税款所属时间：　　年　月　日至　　年　月　日

纳税人名称：(公章)　　　　　　　　　　　　　　　　　　金额单位:元(列至角分)

一、税额抵减情况							
序号	抵减项目	期初余额	本期发生额	本期应抵减税额	本期实际抵减税额	期末余额
		1	2	3＝1+2	4≤3	5＝3-4
1	增值税税控系统专用设备费及技术维护费					
2	分支机构预征缴纳税款					
3	建筑服务预征缴纳税款					
4	销售不动产预征缴纳税款					
5	出租不动产预征缴纳税款					

二、加计抵减情况								
序号	加计抵减项目	期初余额	本期发生额	本期调减额	本期可抵减额	本期实际抵减额	期末余额
		1	2	3	4=1+2-3	5	6=4-5
6	一般项目加计抵减额计算						
7	即征即退项目加计抵减额计算						
8	合计						

表 5-8　增值税及附加税费申报表附列资料(五)
(附加税费情况表)

税(费)款所属时间：　　年　月　日至　　年　月　日

纳税人名称：(公章)　　　　　　　　　　　　　　　　　　金额单位:元(列至角分)

税(费)种		计税(费)依据			税(费)率(%)	本期应纳税(费)额	本期减免税(费)额		试点建设培育产教融合型企业		本期已缴税(费)额	本期应补(退)税(费)额
		增值税税额	增值税免抵税额	留抵退税本期扣除额			减免性质代码	减免税(费)额	减免性质代码	本期抵免金额		
		1	2	3	4	5=(1+2-3)×4	6	7	8	9	10	11=5-7-9-10
城市维护建设税	1									—		
教育费附加	2									—		
地方教育附加	3									—		
合计	4											

表 5-9 增值税减免税申报明细表

税款所属时间：自　　年　　月　　日至　　年　　月　　日

纳税人名称（公章）：　　　　　　　　　　　　　　　　　　　　　　金额单位：元（列至角分）

一、减税项目					
减税性质代码及名称	栏次	期初余额	本期发生额	本期应抵减税额	本期实际抵减税额	期末余额
		1	2	3＝1＋2	4≤3	5＝3－4
合计	1					
	2					
	3					
	4					
	5					
	6					

二、免税项目					
免税性质代码及名称	栏次	免征增值税项目销售额	免税销售额扣除项目本期实际扣除金额	扣除后免税销售额	免税销售额对应的进项税额	免税额
		1	2	3＝1－2	4	5
合计	7					
出口免税	8		—	—	—	
其中：跨境服务	9		—	—	—	
	10				—	
	11				—	
	12				—	
	13				—	
	14				—	
	15				—	
	16				—	

3. 填制企业所得税申报相关表格如表 5-10 至表 5-23 所示。

表 5-10　A200000 中华人民共和国企业所得税月(季)度预缴纳税申报表(A 类)

税款所属期间：　　年　　月　　日至　　年　　月　　日

纳税人识别号(统一社会信用代码)：□□□□□□□□□□□□□□□□□□

纳税人名称：　　　　　　　　　　　　　　　　　　金额单位：人民币元(列至角分)

项目	优惠及附报事项有关信息									
	一季度		二季度		三季度		四季度		季度平均值
	季初	季末	季初	季末	季初	季末	季初	季末	
从业人数									
资产总额(万元)									
国家限制或禁止行业	□是 □否				小型微利企业				□是 □否
附报事项名称					金额或选项				
事项1	(填写特定事项名称)									
事项2	(填写特定事项名称)									
	预缴税款计算									本年累计
1	营业收入									
2	营业成本									
3	利润总额									
4	加:特定业务计算的应纳税所得额									
5	减:不征税收入									
6	减:资产加速折旧、摊销(扣除)调减额(填写 A201020)									
7	减:免税收入、减计收入、加计扣除(7.1+7.2+⋯)									
7.1	(填写优惠事项名称)									
7.2	(填写优惠事项名称)									
8	减:所得减免(8.1+8.2+⋯)									
8.1	(填写优惠事项名称)									
8.2	(填写优惠事项名称)									
9	减:弥补以前年度亏损									

(续表)

		优惠及附报事项有关信息	
10		实际利润额(3+4-5-6-7-8-9)\按照上一纳税年度应纳税所得额平均额确定的应纳税所得额	
11		税率(25%)	
12		应纳所得税额(10×11)	
13		减:减免所得税额(13.1+13.2+…)	
13.1		(填写优惠事项名称)	
13.2		(填写优惠事项名称)	
14		减:本年实际已缴纳所得税额	
15		减:特定业务预缴(征)所得税额	
16		本期应补(退)所得税额(12-13-14-15)\税务机关确定的本期应纳所得税额	
		汇总纳税企业总分机构税款计算	
17	总机构	总机构本期分摊应补(退)所得税额(18+19+20)	
18		其中:总机构分摊应补(退)所得税额(16×总机构分摊比例__%)	
19		财政集中分配应补(退)所得税额(16×财政集中分配比例__%)	
20		总机构具有主体生产经营职能的部门分摊所得税额(16×全部分支机构分摊比例__%×总机构具有主体生产经营职能部门分摊比例__%)	
21	分支机构	分支机构本期分摊比例	
22		分支机构本期分摊应补(退)所得税额	
		实际缴纳企业所得税计算	
23		减:民族自治地区企业所得税地方分享部分: □ 免征　□ 减征:减征幅度　%	本年累计应减免金额[(12-13-15)×40%×减征幅度]
24		实际应补(退)所得税额	

谨声明:本纳税申报表是根据国家税收法律法规及相关规定填报的,是真实的、可靠的、完整的。

纳税人(签章):　　年　月　日

经办人:	受理人:
经办人身份证号:　　　代理机构签章:	受理税务机关(章):　　受理日期:　年　月　日
代理机构统一社会信用代码:	

表 5-11 A100000 中华人民共和国企业所得税年度纳税申报表(A类)

行次	类别	项目	金额
1	利润总额计算	一、营业收入(填写 A101010\101020\103000)	
2		减:营业成本(填写 A102010\102020\103000)	
3		减:税金及附加	
4		减:销售费用(填写 A104000)	
5		减:管理费用(填写 A104000)	
6		减:财务费用(填写 A104000)	
7		减:资产减值损失	
8		加:公允价值变动收益	
9		加:投资收益	
10		二、营业利润(1-2-3-4-5-6-7+8+9)	
11		加:营业外收入(填写 A101010\101020\103000)	
12		减:营业外支出(填写 A102010\102020\103000)	
13		三、利润总额(10+11-12)	
14	应纳税所得额计算	减:境外所得(填写 A108010)	
15		加:纳税调整增加额(填写 A105000)	
16		减:纳税调整减少额(填写 A105000)	
17		减:免税、减计收入及加计扣除(填写 A107010)	
18		加:境外应税所得抵减境内亏损(填写 A108000)	
19		四、纳税调整后所得(13-14+15-16-17+18)	
20		减:所得减免(填写 A107020)	
21		减:弥补以前年度亏损(填写 A106000)	
22		减:抵扣应纳税所得额(填写 A107030)	
23		五、应纳税所得额(19-20-21-22)	
24	应纳税额计算	税率(25%)	
25		六、应纳所得税额(23×24)	
26		减:减免所得税额(填写 A107040)	
27		减:抵免所得税额(填写 A107050)	
28		七、应纳税额(25-26-27)	
29		加:境外所得应纳所得税额(填写 A108000)	
30		减:境外所得抵免所得税额(填写 A108000)	
31		八、实际应纳所得税额(28+29-30)	
32		减:本年累计实际已缴纳的所得税额	
33		九、本年应补(退)所得税额(31-32)	
34		其中:总机构分摊本年应补(退)所得税额(填写 A109000)	
35		财政集中分配本年应补(退)所得税额(填写 A109000)	
36		总机构主体生产经营部门分摊本年应补(退)所得税额(填写 A109000)	

表 5-12　A101010 一般企业收入明细表

行次	项目	金额
1	一、营业收入(2＋9)	
2	（一）主营业务收入(3＋5＋6＋7＋8)	
3	1. 销售商品收入	
4	其中:非货币性资产交换收入	
5	2. 提供劳务收入	
6	3. 建造合同收入	
7	4. 让渡资产使用权收入	
8	5. 其他	
9	（二）其他业务收入(10＋12＋13＋14＋15)	
10	1. 销售材料收入	
11	其中:非货币性资产交换收入	
12	2. 出租固定资产收入	
13	3. 出租无形资产收入	
14	4. 出租包装物和商品收入	
15	5. 其他	
16	二、营业外收入(17＋18＋19＋20＋21＋22＋23＋24＋25＋26)	
17	（一）非流动资产处置利得	
18	（二）非货币性资产交换利得	
19	（三）债务重组利得	
20	（四）政府补助利得	
21	（五）盘盈利得	
22	（六）捐赠利得	
23	（七）罚没利得	
24	（八）确实无法偿付的应付款项	
25	（九）汇兑收益	
26	（十）其他	

表 5-13　A102010 一般企业成本支出明细表

行次	项目	金额
1	一、营业成本(2+9)	
2	（一）主营业务成本(3+5+6+7+8)	
3	1.销售商品成本	
4	其中:非货币性资产交换成本	
5	2.提供劳务成本	
6	3.建造合同成本	
7	4.让渡资产使用权成本	
8	5.其他	
9	（二）其他业务成本(10+12+13+14+15)	
10	1.销售材料成本	
11	其中:非货币性资产交换成本	
12	2.出租固定资产成本	
13	3.出租无形资产成本	
14	4.包装物出租成本	
15	5.其他	
16	二、营业外支出(17+18+19+20+21+22+23+24+25+26)	
17	（一）非流动资产处置损失	
18	（二）非货币性资产交换损失	
19	（三）债务重组损失	
20	（四）非常损失	
21	（五）捐赠支出	
22	（六）赞助支出	
23	（七）罚没支出	
24	（八）坏账损失	
25	（九）无法收回的债券股权投资损失	
26	（十）其他	

表 5-14　A104000 期间费用明细表

行次	项　　目	销售费用	其中：境外支付	管理费用	其中：境外支付	财务费用	其中：境外支付
		1	2	3	4	5	6
1	一、职工薪酬		※		※	※	※
2	二、劳务费					※	※
3	三、咨询顾问费					※	※
4	四、业务招待费		※		※	※	※
5	五、广告费和业务宣传费		※		※	※	※
6	六、佣金和手续费						
7	七、资产折旧摊销费		※		※	※	※
8	八、财产损耗、盘亏及毁损损失		※		※	※	※
9	九、办公费		※		※	※	※
10	十、董事会费		※		※	※	※
11	十一、租赁费					※	※
12	十二、诉讼费		※		※	※	※
13	十三、差旅费		※		※	※	※
14	十四、保险费						
15	十五、运输、仓储费					※	※
16	十六、修理费					※	※
17	十七、包装费		※		※	※	※
18	十八、技术转让费					※	※
19	十九、研究费用					※	※
20	二十、各项税费		※		※		
21	二十一、利息收支	※	※	※	※		
22	二十二、汇兑差额	※	※	※	※		
23	二十三、现金折扣	※	※	※	※		※
24	二十四、党组织工作经费	※		※		※	※
25	二十五、其他						
26	合计(1+2+3+…+25)						

表 5-15　A105030 投资收益纳税调整明细表

行次	项目	持有收益			处置收益							纳税调整金额
		账载金额	税收金额	纳税调整金额	会计确认的处置收入	税收计算的处置收入	处置投资的账面价值	处置投资的计税基础	会计确认的处置所得或损失	税收计算的处置所得	纳税调整金额	
		1	2	3(2−1)	4	5	6	7	8(4−6)	9(5−7)	10(9−8)	11(3+10)
1	一、交易性金融资产											
2	二、可供出售金融资产											
3	三、持有至到期投资											
4	四、衍生工具											
5	五、交易性金融负债											
6	六、长期股权投资											
7	七、短期投资											
8	八、长期债券投资											
9	九、其他											
10	合计(1+2+…+8+9)											

表 5-16 A105000 纳税调整项目明细表

行次	项　　目	账载金额	税收金额	调增金额	调减金额
		1	2	3	4
1	一、收入类调整项目(2+3+…+8+10+11)	*	*		
2	（一）视同销售收入（填写 A105010）	*			*
3	（二）未按权责发生制原则确认的收入（填写 A105020）				
4	（三）投资收益（填写 A105030）				
5	（四）按权益法核算长期股权投资对初始投资成本调整确认收益	*	*	*	
6	（五）交易性金融资产初始投资调整	*	*		*
7	（六）公允价值变动净损益		*		
8	（七）不征税收入	*	*		
9	其中：专项用途财政性资金（填写 A105040）	*			
10	（八）销售折扣、折让和退回				
11	（九）其他				
12	二、扣除类调整项目(13+14+…+24+26+27+28+29+30)	*	*		
13	（一）视同销售成本（填写 A105010）	*		*	
14	（二）职工薪酬（填写 A105050）				
15	（三）业务招待费支出	*			*
16	（四）广告费和业务宣传费支出（填写 A105060）	*	*		
17	（五）捐赠支出（填写 A105070）				
18	（六）利息支出				
19	（七）罚金、罚款和被没收财物的损失		*		*
20	（八）税收滞纳金、加收利息		*		*
21	（九）赞助支出		*		*
22	（十）与未实现融资收益相关在当期确认的财务费用				
23	（十一）佣金和手续费支出				*
24	（十二）不征税收入用于支出所形成的费用	*			
25	其中：专项用途财政性资金用于支出所形成的费用（填写 A105040）	*	*		*

(续表)

行次	项 目	账载金额 1	税收金额 2	调增金额 3	调减金额 4
26	（十三）跨期扣除项目				
27	（十四）与取得收入无关的支出		*		*
28	（十五）境外所得分摊的共同支出	*	*		*
29	（十六）党组织工作经费				
30	（十七）其他				
31	三、资产类调整项目(32+33+34+35)	*	*		
32	（一）资产折旧、摊销(填写 A105080)				
33	（二）资产减值准备金		*		
34	（三）资产损失(填写 A105090)				
35	（四）其他				
36	四、特殊事项调整项目(37+38+…+42)	*	*		
37	（一）企业重组及递延纳税事项(填写 A105100)				
38	（二）政策性搬迁(填写 A105110)	*	*		
39	（三）特殊行业准备金(填写 A105120)				
39.1	1. 保险公司保险保障基金				
39.2	2. 保险公司准备金				
39.3	其中:已发生未报案未决赔款准备金				
39.4	3. 证券行业准备金				
39.5	4. 期货行业准备金				
39.6	5. 中小企业融资(信用)担保机构准备金				
39.7	6. 金融企业、小额贷款公司准备金(填写 A105120)				
40	（四）房地产开发企业特定业务计算的纳税调整额(填写 A105010)	*			
41	（五）合伙企业法人合伙人应分得的应纳税所得额				
42	（六）发行永续债利息支出				
43	（七）其他	*	*		
43	五、特别纳税调整应税所得	*	*		
44	六、其他	*	*		
45	合计(1+12+31+36+43+44)	*	*		

表 5-17　A105050 职工薪酬支出及纳税调整明细表

行次	项目	账载金额 1	实际发生额 2	税收规定扣除率 3	以前年度累计结转扣除额 4	税收金额 5	纳税调整金额 6(1-5)	累计结转以后年度扣除额 7(2+4-5)
1	一、工资薪金支出			*	*			*
2	其中:股权激励			*	*			*
3	二、职工福利费支出			14%	*			*
4	三、职工教育经费支出			*				
5	其中:按税收规定比例扣除的职工教育经费			8%	0			
6	按税收规定全额扣除的职工培训费用				*			*
7	四、工会经费支出			2%	*			*
8	五、各类基本社会保障性缴款			*	*			*
9	六、住房公积金			*	*			*
10	七、补充养老保险				*			*
11	八、补充医疗保险				*			*
12	九、其他			*	*			*
13	合计(1+3+4+7+8+9+10+11+12)			*				

表 5-18　A105060 广告费和业务宣传费跨年度纳税调整明细表

行次	项目	金额
1	一、本年广告费和业务宣传费支出	
2	减:不允许扣除的广告费和业务宣传费支出	
3	二、本年符合条件的广告费和业务宣传费支出(1-2)	
4	三、本年计算广告费和业务宣传费扣除限额的销售(营业)收入	
5	乘:税收规定扣除率	
6	四、本企业计算的广告费和业务宣传费扣除限额(4×5)	
7	五、本年结转以后年度扣除额(3>6,本行=3-6;3≤6,本行=0)	
8	加:以前年度累计结转扣除额	
9	减:本年扣除的以前年度结转额[3>6,本行=0;3≤6,本行=8 与(6-3)孰小值]	
10	六、按照分摊协议归集至其他关联方的广告费和业务宣传费(10≤3 与 6 孰小值)	
11	按照分摊协议从其他关联方归集至本企业的广告费和业务宣传费	
12	七、本年广告费和业务宣传费支出纳税调整金额(3>6,本行=2+3-6+10-11;3≤6,本行=2+10-11-9)	
13	八、累计结转以后年度扣除额(7+8-9)	

表 5-19 A105070 捐赠支出纳税调整明细表

行次	项目	账载金额 1	以前年度结转可扣除的捐赠额 2	按税收规定计算的扣除限额 3	税收金额 4	纳税调增金额 5	纳税调减金额 6	可结转以后年度扣除的捐赠额 7
1	一、非公益性捐赠		*	*	*	*	*	*
2	二、限额扣除的公益性捐赠(3+4+5+6)							
3	前三年度（ 年）	*		*	*	*		
4	前二年度（ 年）	*		*	*	*		
5	前一年度（ 年）	*		*	*	*		
6	本 年（ 年）		*	*				
7	三、全额扣除的公益性捐赠		*	*		*	*	*
8	1.		*	*		*	*	*
9	2.			*		*	*	*
10	3.		*	*		*	*	*
11	合计(1+2+7)							
附列资料	2015年度至本年发生的公益性扶贫捐赠合计金额							

表 5-20　A105080 资产折旧、摊销及纳税调整明细表

行次	项目	账载金额				税收金额				纳税调整金额
		资产原值	本年折旧、摊销额	累计折旧、摊销额	资产计税基础	税收折旧、摊销额	享受加速折旧政策的资产按税收一般规定计算的折旧、摊销额	加速折旧、摊销统计额	累计折旧、摊销额	
		1	2	3	4	5	6	7(5-6)	8	9(2-5)
1	一、固定资产(2+3+4+5+6+7)									
2	(一) 房屋、建筑物						*	*		
3	(二) 飞机、火车、轮船、机器、机械和其他生产设备						*	*		
4	(三) 与生产经营活动有关的器具、工具、家具等						*	*		
5	(四) 飞机、火车、轮船以外的运输工具						*	*		
6	(五) 电子设备						*	*		
7	(六) 其他									
8	(一) 重要行业固定资产加速折旧(不含一次性扣除)									*
9	(二) 其他行业研发设备加速折旧									*
10	(三) 特定地区企业固定资产加速折旧(10.1+10.2)									*
10.1	1. 海南自由贸易港企业固定资产加速折旧									*
10.2	2. 横琴粤澳深度合作区企业固定资产加速折旧									*
11	(四) 500万元以下设备器具一次性扣除(11.1+11.2)									*
11.1	1. 高新技术企业2022年第四季度(10~12月)购置单价500万元以下设备器具一次性扣除									*
11.2	2. 购置单价500万元以下设备器具一次性扣除(不包含高新技术企业2022年第四季度购置)									*
12	(五) 500万元以上设备器具一次性扣除(12.1+12.2+12.3+12.4)									*

其中：享受固定资产加速折旧及一次性扣除政策的资产折旧摊销额大于一般折旧额的部分

(续表)

行次	项目	账载金额			税收金额				纳税调整金额
		资产原值	本年折旧、摊销额	累计折旧、摊销额	资产计税基础	税收折旧、摊销额	享受加速折旧政策的资产按税收一般规定计算的折旧、摊销额	加速折旧、摊销统计额	累计折旧、摊销额
		1	2	3	4	5	6	7(5-6)	8	9(2-5)
12.1	1. 最低折旧年限为3年的设备器具一次性扣除									*
12.2	中小微企业购置单价500万元以上设备器具 2. 最低折旧年限为4、5年的设备器具50%部分一次性扣除									*
12.3	其中:享受固定资产加速折旧及一次性扣除政策的资产加速折旧额大于一般折旧额的部分 3. 最低折旧年限为10年的设备器具50%部分一次性扣除									*
12.4	4. 高新技术企业2022年第四季度(10~12月)购置单价500万元以上设备器具一次性扣除									*
13	(六)特定地区企业固定资产一次性扣除(13.1+13.2)									*
13.1	1. 海南自由贸易港企业固定资产一次性扣除									*
13.2	2. 横琴粤澳深度合作区企业固定资产一次性扣除									*
14	(七)技术进步、更新换代资产加速折旧									*
15	(八)常年强震动、高腐蚀固定资产加速折旧									*
16	(九)外购软件加速折旧									*
17	(十)集成电路企业生产设备加速折旧									
18	二、生产性生物资产(19+20)					*	*	*		
19	(一)林木类					*	*	*		
20	(二)畜类					*	*	*		

(续表)

行次	项目	账载金额 - 资产原值 (1)	账载金额 - 本年折旧、摊销额 (2)	账载金额 - 累计折旧、摊销额 (3)	税收金额 - 资产计税基础 (4)	税收金额 - 税收折旧、摊销额 (5)	税收金额 - 享受加速折旧政策的资产按税收一般规定计算的折旧、摊销额 (6)	税收金额 - 加速折旧、摊销统计额 7(5−6)	税收金额 - 累计折旧、摊销额 (8)	纳税调整金额 9(2−5)
21	三、无形资产(22＋23＋24＋25＋26＋27＋28＋29)						*	*		
22	（一）专利权						*	*		
23	（二）商标权						*	*		
24	（三）著作权						*	*		
25	（四）土地使用权						*	*		
26	（五）非专利技术						*	*		
27	（六）特许权使用费						*	*		
28	（七）软件						*	*		
29	（八）其他						*	*		
30	其中：享受无形资产加速摊销及一次性摊销政策的资产加速摊销额大于一般摊销额的部分 （一）企业外购软件加速摊销							*		*
31	（二）特定地区自由贸易企业无形资产加速摊销(31.1＋31.2)							*		*
31.1	1. 海南自由贸易企业无形资产加速摊销							*		*
31.2	2. 横琴粤澳深度合作区企业无形资产加速摊销							*		*
32	（三）特定地区企业无形资产一次性摊销(32.1＋32.2)							*		*
32.1	1. 海南自由贸易港企业无形资产一次性摊销							*		*
32.2	2. 横琴粤澳深度合作区企业无形资产一次性摊销							*		*
33	四、长期待摊费用(34＋35＋36＋37＋38)						*	*		
34	（一）已足额提取折旧的固定资产的改建支出						*	*		
35	（二）租入固定资产的改建支出						*	*		

(续表)

行次	项目	账载金额			税收金额				累计折旧、摊销额	纳税调整金额
		资产原值	本年折旧、摊销额	累计折旧、摊销额	资产计税基础	税收折旧、摊销额	享受加速折旧政策的资产按税收一般规定计算的折旧、摊销额	加速折旧、摊销统计额		
		1	2	3	4	5	6	7(5−6)	8	9(2−5)
36	(三)固定资产的大修理支出						*	*		
37	(四)开办费						*	*		
38	(五)其他						*	*		
39	五、油气勘探投资						*	*		
40	六、油气开发投资						*	*		
41	合计(1+18+21+33+39+40)									
附列资料	全民所有制企业公司制改制资产评估增值政策资产									

表5—21 A105090 资产损失税前扣除及纳税调整明细表

行次	项目	资产损失直接计入本年损益金额	资产损失准备金核销金额	资产处置收入	赔偿收入	资产计税基础	资产损失的税收金额	纳税调整金额
		1	2	3	4	5	6(5−3−4)	7
1	一、现金及银行存款损失							
2	二、应收及预付款项坏账损失							
3	其中:逾期三年以上的应收款项损失							
4	逾期一年以上的小额应收款项损失							
5	三、存货损失							
6	其中:存货盘亏、报废、损毁、变质或被盗损失							
7	四、固定资产损失							
8	其中:固定资产盘亏、丢失、报废、损毁或被盗损失							
9	五、无形资产损失							

(续表)

行次	项目	资产损失直接计入本年损益金额 1	资产损失准备金核销金额 2	资产处置收入 3	赔偿收入 4	资产计税基础 5	资产损失的税收金额 6(5−3−4)	纳税调整金额 7
10	其中:无形资产转让损失							
11	无形资产被替代或超过法律保护期限形成的损失							
12	六、在建工程损失							
13	其中:在建工程停建、报废损失							
14	七、生产性生物资产损失							
15	其中:生产性生物资产盘亏、非正常死亡、被盗、丢失等产生的损失							
16	八、债权性投资损失(17+22)							
17	(一)金融企业债权性投资损失(18+21)							
18	1. 贷款损失							
19	其中:符合条件的涉农和中小企业贷款损失							
20	单户贷款余额300万元(含)以下的贷款损失							
21	单户贷款余额300万元至1 000万元(含)的贷款损失							
22	2. 其他债权性投资损失							
23	(二)非金融企业债权性投资损失							
24	九、股权(权益)性投资损失							
25	其中:股权转让损失							
26	十、通过各种交易场所、市场买卖债券、股票、期货、基金以及金融衍生产品等发生的损失							
27	十一、打包出售资产损失							
28	十二、其他资产损失							
29	合计(1+2+5+7+9+12+14+16+23+25+26+27+28)							
30	其中:分支机构留存备查的资产损失							

表 5-22　A107010 免税、减计收入及加计扣除优惠明细表

行次	项目	金额
1	一、免税收入(2+3+9+…+16)	
2	（一）国债利息收入免征企业所得税	
3	（二）符合条件的居民企业之间的股息、红利等权益性投资收益免征企业所得税(4+5+6+7+8)	
4	1. 一般股息红利等权益性投资收益免征企业所得税(填写 A107011)	
5	2. 内地居民企业通过沪港通投资且连续持有 H 股满 12 个月取得的股息红利所得免征企业所得税(填写 A107011)	
6	3. 内地居民企业通过深港通投资且连续持有 H 股满 12 个月取得的股息红利所得免征企业所得税(填写 A107011)	
7	4. 居民企业持有创新企业 CDR 取得的股息红利所得免征企业所得税(填写 A107011)	
8	5. 符合条件的永续债利息收入免征企业所得税(填写 A107011)	
9	（三）符合条件的非营利组织的收入免征企业所得税	
10	（四）中国清洁发展机制基金取得的收入免征企业所得税	
11	（五）投资者从证券投资基金分配中取得的收入免征企业所得税	
12	（六）取得的地方政府债券利息收入免征企业所得税	
13	（七）中国保险保障基金有限责任公司取得的保险保障基金等收入免征企业所得税	
14	（八）中国奥委会取得北京冬奥组委支付的收入免征企业所得税	
15	（九）中国残奥委会取得北京冬奥组委分期支付的收入免征企业所得税	
16	（十）其他(16.1+16.2)	
16.1	1. 取得的基础研究资金收入免征企业所得税	
16.2	2. 其他	
17	二、减计收入(18+19+23+24)	
18	（一）综合利用资源生产产品取得的收入在计算应纳税所得额时减计收入	
19	（二）金融、保险等机构取得的涉农利息、保费减计收入(20+21+22)	
20	1. 金融机构取得的涉农贷款利息收入在计算应纳税所得额时减计收入	
21	2. 保险机构取得的涉农保费收入在计算应纳税所得额时减计收入	
22	3. 小额贷款公司取得的农户小额贷款利息收入在计算应纳税所得额时减计收入	
23	（三）取得铁路债券利息收入减半征收企业所得税	
24	（四）其他(24.1+24.2)	
24.1	1. 取得的社区家庭服务收入在计算应纳税所得额时减计收入	
24.2	2. 其他	

（续表）

行次	项目	金额
25	三、加计扣除（26＋27＋28＋29＋30）	
26	（一）开发新技术、新产品、新工艺发生的研究开发费用加计扣除（填写A107012）	
27	（二）科技型中小企业开发新技术、新产品、新工艺发生的研究开发费用加计扣除（填写A107012）	
28	（三）企业为获得创新性、创意性、突破性的产品进行创意设计活动而发生的相关费用加计扣除（加计扣除比例及计算方法：＿＿＿＿＿＿）	
28.1	其中：第四季度相关费用加计扣除	
28.2	前三季度相关费用加计扣除	
29	（四）安置残疾人员所支付的工资加计扣除	
30	（五）其他（30.1＋30.2＋30.3）	
30.1	1.企业投入基础研究支出加计扣除	
30.2	2.高新技术企业设备器具加计扣除	
30.3	3.其他	
31	合计（1＋17＋25）	

表5-23　A107012研发费用加计扣除优惠明细表

行次	项目	金额（数量）
1	本年可享受研发费用加计扣除项目数量	
2	一、自主研发、合作研发、集中研发（3＋7＋16＋19＋23＋34）	
3	（一）人员人工费用（4＋5＋6）	
4	1.直接从事研发活动人员工资薪金	
5	2.直接从事研发活动人员五险一金	
6	3.外聘研发人员的劳务费用	
7	（二）直接投入费用（8＋9＋10＋11＋12＋13＋14＋15）	
8	1.研发活动直接消耗材料费用	
9	2.研发活动直接消耗燃料费用	
10	3.研发活动直接消耗动力费用	
11	4.用于中间试验和产品试制的模具、工艺装备开发及制造费	
12	5.用于不构成固定资产的样品、样机及一般测试手段购置费	
13	6.用于试制产品的检验费	
14	7.用于研发活动的仪器、设备的运行维护、调整、检验、维修等费用	
15	8.通过经营租赁方式租入的用于研发活动的仪器、设备租赁费	
16	（三）折旧费用（17＋18）	

(续表)

行次	项目	金额(数量)
17	1. 用于研发活动的仪器的折旧费	
18	2. 用于研发活动的设备的折旧费	
19	(四)无形资产摊销(20+21+22)	
20	1. 用于研发活动的软件的摊销费用	
21	2. 用于研发活动的专利权的摊销费用	
22	3. 用于研发活动的非专利技术(包括许可证、专有技术、设计和计算方法等)的摊销费用	
23	(五)新产品设计费等(24+25+26+27)	
24	1. 新产品设计费	
25	2. 新工艺规程制定费	
26	3. 新药研制的临床试验费	
27	4. 勘探开发技术的现场试验费	
28	(六)其他相关费用(29+30+31+32+33)	
29	1. 技术图书资料费、资料翻译费、专家咨询费、高新科技研发保险费	
30	2. 研发成果的检索、分析、评议、论证、鉴定、评审、评估、验收费用	
31	3. 知识产权的申请费、注册费、代理费	
32	4. 职工福利费、补充养老保险费、补充医疗保险费	
33	5. 差旅费、会议费	
34	(七)经限额调整后的其他相关费用	
35	二、委托研发(36+37+39)	
36	(一)委托境内机构或个人进行研发活动所发生的费用	
37	(二)委托境外机构进行研发活动发生的费用	
38	其中:允许加计扣除的委托境外机构进行研发活动发生的费用	
39	(三)委托境外个人进行研发活动发生的费用	
40	三、年度研发费用小计(2+36×80%+38)	
41	(一)本年费用化金额	
42	(二)本年资本化金额	
43	四、本年形成无形资产摊销额	
44	五、以前年度形成无形资产本年摊销额	
45	六、允许扣除的研发费用合计(41+43+44)	
46	减:特殊收入部分	
47	七、允许扣除的研发费用抵减特殊收入后的金额(45-46)	

(续表)

行次	项目	金额(数量)
48	减:当年销售研发活动直接形成产品(包括组成部分)对应的材料部分	
49	减:以前年度销售研发活动直接形成产品(包括组成部分)对应材料部分结转金额	
50	八、加计扣除比例及计算方法	
L1	本年允许加计扣除的研发费用总额(47−48−49)	
L1.1	其中:第四季度允许加计扣除的研发费用金额	
L1.2	前三季度允许加计扣除的研发费用金额(L1−L1.1)	
51	九、本年研发费用加计扣除总额(47−48−49)×50	
52	十、销售研发活动直接形成产品(包括组成部分)对应材料部分结转以后年度扣减金额(当47−48−49≥0,本行=0;当47−48−49<0,本行=47−48−49的绝对值)	